Cäcilie Alt

Aber die Mühlen, sie mahlen nicht mehr

Eine Familiengeschichte aus dem Hunsrück

Cäcilie Alt

Aber die Mühlen, sie mahlen nicht mehr

Eine Familiengeschichte aus dem Hunsrück

TRIGA\VERLAG

Die Deutsche Bibliothek – CIP-Einheitsaufnahme
Alt, Cäcilie:
Aber die Mühlen, sie mahlen nicht mehr:
Eine Familiengeschichte aus dem Hunsrück / Cäcilie Alt. –
Gelnhausen: TRIGA\VERLAG, 1999

1. Auflage 1999

Herzbachweg 2, D-63571 Gelnhausen

Umschlagfoto: Franz Justen
Umschlaggestaltung: R. Marcel Extra, Frankfurt/Main
Satz: Beate Hautsch, Göttingen
Druck: Digital-Druck GmbH, Frensdorf
Printed in Germany
ISBN 3-89774-057-5

Heimat

Lieblich, verträumt und wunderschön
liegt ein Dörflein auf Hunsrückhöhn,
umgrenzt von Tälern, Wiesen und Wald,
wo manches frohe Lied erschallt.

Durch stille Wälder einsame Wege gehn,
unter Hecken am Waldrand Veilchen blühn,
wogende Felder, die Luft so lind,
singende Vögel im Sommerwind.

Im herrlich grünen Wiesental
leise plätschert der Bach,
erzählt von den uralten Zeiten,
als es Sagen und Märchen noch gab.

Der Wind erzählt von den Mühlen
und dem Müller, der gemahlen das Mehl,
und dem Mühlrad, das immer sich drehte
als blieben die Zeiten stehen.

Doch die Zeit, sie läuft immer weiter,
bringt Sonne, Sturm und Regen,
und die Menschen, besinnlich und heiter,
so wie damals die Wege gehen.

Am Mühlbach, umgeben von alten Bäumen, stand die Vogtsmühle. Fenster und Fensterläden waren frisch gestrichen. Die Gardinen, an den Seiten liebevoll mit Spitzenbändern gerafft, strahlten in hellem Weiß. Sogar der Lattenzaun um den Gemüsegarten hatte einen neuen Anstrich erhalten. In und um die Mühle herum war alles aufgeräumt. Das Mühlrad, das sonst mit seinem Geklapper weithin zu hören war, stand still. Das hatte natürlich seinen Grund: Jakob aus der Vogtsmühle und Maria-Anna, genannt Mariejann, feierten Hochzeit, an einem wunderschönen Sommertag im August des Jahres 1850.

Schon früh am Morgen fuhr Jakob mit seinen Eltern Matthias und Magdalena mit der Kutsche ins Dorf, denn die Hochzeitsfeier sollte im Haus von Mariejanns Eltern stattfinden. Die Hochzeitsgäste, die aus der näheren Umgebung zu Fuß gekommen waren, konnten sich mit einem kleinen Imbiß aus Kranzkuchen stärken. Dann ging man gemeinsam zur Kirche. Die Brautmesse begann um zehn Uhr. Das Brautpaar wurde von den Fahnenträgern des Männergesangvereins, der Jungfrauenkongregation und des Vereins der heiligen Familie in die Kirche und zum Altar geleitet. Dieser war besonders schön geschmückt: An beiden Seiten standen große irdene Krüge mit bunten Sommerblumen aus dem Garten von Mariejanns Eltern. Der Männergesangverein umrahmte mit seinem Gesang die Festmesse.

Nach der Messe gratulierten alle, und man ging gemeinsam zum Elternhaus der Braut. Diese ging voran, geleitet von zwei Brautführern, den sogenannten Seitenknechten. Der Bräutigam, der von zwei Seitenmädchen geleitet wurde, ging hinter der Braut. Dahinter folgten die Eltern, dann die Verwandten und am Schluß des Zuges die übrigen Hochzeitsgäste. Im Haus gab es einen kleinen Umtrunk auf das Wohl des Brautpaars.
Unterdessen hatten die Frauen aus dem Dorf ein schmackhaftes Mittagessen zubereitet: Eine kräftige Suppe mit Rauchfleisch und Haferkern, mit frischen Gartenkräutern abgeschmeckt, das Hauptgericht aus geräuchertem gekochtem Schinken mit Sauerkraut und Erbsenpüree und als Nachspeise gekochtes Trockenobst mit frischgeschlagener Sahne. Nach dem Mittagessen ging das Brautpaar mit den Brautführern und der ganzen Hochzeitsgesellschaft wieder in der Reihenfolge wie morgens durch das Dorf. Die meisten Leute standen schon vor der Tür, um das Brautpaar zu sehen. Allen Dorfbewohnern, die dem Brautpaar gratulierten, schenkten die Brautführer einen Schnaps ein.
Die Braut trug ein wunderschönes langes schwarzes Kleid aus feinem Stoff, das mit Rüschen und Volants verziert war, dazu eine schwarze Halbschürze, mit Spitzen eingefaßt. Im Haar, das mit zierlichen Spangen hochgesteckt war, hatte sie ein Myrtenkränzchen befestigt. Der Bräutigam trug einen Gehrock

und schwarze Hosen. Sein Jackenrevers schmückte ein Blumensträußchen, aus dem gleichen Material wie das Myrtenkränzchen gearbeitet.
Die Männer schwenkten ihre Hüte, an denen sie bronzefarbene Lorbeersträußchen mit langen bunten Bändern befestigt hatten. Die Frauen trugen Blumensträußchen aus buntem Seidenpapier im Haar. Gutgelaunt und fröhlich singend kam die Hochzeitsgesellschaft nach geraumer Zeit wieder in Mariejanns Elternhaus zurück. Dort hatten die Dorffrauen in der Zwischenzeit aufgeräumt, das Geschirr vom Mittagessen gespült und die Tische für den Nachmittagskaffee gedeckt. Es gab vielerlei Hefekuchen, alle von den Nachbarinnen gebacken: Streuselkuchen, Apfelstreusel, Apfelkompottkuchen, Rollkuchen mit Zucker, Zimt und Rosinen, Kranzkuchen und den beliebten Bunte-Kuchen in der großen, hohen, gußeisernen Form, der mit viel Butter, Eiern, Rosinen und Zucker zubereitet war.
Nach dem Kaffeetrinken wurden Gedichte vorgetragen, besinnliche und lustige, sowie allerlei humorvolle Sketche, die, in origineller Verkleidung dargeboten, die Gäste zum Lachen brachten. Dabei überreichte man dem Brautpaar die Geschenke, viele hübsche Sachen, die man im Haushalt gebrauchen konnte, aber auch manch Ausgefallenes, das die Lachmuskeln strapazierte. Die Freierszeit (Verlobungszeit) wurde ausgeleuchtet, übertrieben, versteht sich, und etliche lustige Begebenheiten wurden zum besten gegeben.

Bis zum Abendessen hielten sich die meisten Gäste draußen auf. Einige saßen auf Bänken, die man für die Feier auf die Wiese gestellt hatte, andere gingen ein bißchen spazieren.

Zum Abendessen gab es reichlich geräucherte Wurst und Schinken, Kartoffeln, Salat und selbstgebackenes Weißbrot.

Dann kamen endlich die Stunden, auf die sich vor allem die Jüngeren gefreut hatten: Es durfte getanzt werden. In Mariejanns Elternhaus tat man das in dem großen, breiten Flur zu den Klängen einer Ziehharmonika. Das Brautpaar machte den Anfang mit einem Walzer. Danach wurde zur Polka aufgespielt: drei Schritte rechts, ein festes Aufstampfen der Füße, dann nach links und im Kreis herum. Diesen Tanz konnten wegen der Platzverhältnisse jedoch immer nur höchstens zwei Paare gleichzeitig tanzen, daher tanzte man abwechselnd und der Reihe nach, was die Stimmung außerordentlich steigerte.

Die älteren Hochzeitsgäste saßen derweil gemütlich in der Stube bei einem Gläschen Wein, lachten, erzählten sich Geschichten und freuten sich über die jungen Leute, die so fröhlich waren, und beachteten es nicht, wenn sich von Zeit zu Zeit das eine oder andere junge Pärchen leise nach draußen verdrückte, denn es war üblich, daß sich an Hochzeiten viele neue Bekanntschaften anbahnten. Im Volksmund hieß es: »Et es kän Hochzeit zu klähn, et get noch ähn« (Keine Hochzeit ist zu klein, es gibt noch eine).

Um Mitternacht ging die Feier zu Ende. Der Brauch wollte es, daß die Braut jetzt ihr Myrtenkränzchen ablegte und die »Metsch« aufsetzte, eine kapuzenartige, mit Samtbändchen und Perlen bestickte Mütze, die es in zwei Ausfertigungen gab, einer warmen für den Winter und einer dünnen für den Sommer. Diese Kopfbedeckung wurde nur von verheirateten Frauen getragen, daher war der Wechsel vom Brautkränzchen zur »Metsch« für die Braut immer etwas wehmütig, war es doch der endgültige Abschied von der Jungmädchenzeit. Nun war aus dem jungen Mädchen eine verheiratete Frau geworden.
Das Myrtenkränzchen und das Lorbeersträußchen von Jakobs Hochzeitsanzug wollte Mariejann sorgfältig aufbewahren und in einem Bilderrahmen zusammen mit einem besinnlichen Spruch, ihren Namen und dem Datum des Hochzeitstages aufheben. Doch dazu kam sie erst viel später.

Der Tag nach der Hochzeit war ausgefüllt mit Aufräumen und Putzen. Alle, die bei den Vorbereitungen für das Fest mitgeholfen hatten, kamen, und gemeinsam hatte man bald die alte Ordnung wiederhergestellt. Vom Hochzeitsessen und Kuchen war genug übriggeblieben, so daß alle Helfer und Helferinnen noch einmal satt wurden.

Am Morgen darauf zog Mariejann als junge Frau in die Vogtsmühle ein. Das tat sie gern, liebte sie doch

die Ruhe und Stille im Bachtal. Aber vor allem liebte sie Jakob, und sie wußte, er würde ihr ein liebevoller Ehemann werden.
Es war Brauch, daß die Braut zur Hochzeit eine Mitgift erhielt, je nach Vermögen der Brauteltern. Mariejann bekam als Brautgabe eine Kalbin. Das war eine junge Kuh, die mit dem ersten Kalb trächtig war. Außerdem noch ein Schlafzimmer und eine Truhe mit der Aussteuer. Die Aussteuer hatte sie in jahrelanger Handarbeit selbst angefertigt. Aus selbstangebautem Flachs hatte sie Garn gesponnen, dann zu Tuch gewebt und schließlich in Handarbeit, mit feinen kleinen Stichen, die gesamte Bettwäsche genäht.
Vor Mariejanns Elternhaus wurde also der Leiterwagen mit der Mitgift beladen. Zuerst das eichene Schlafzimmer, dann die Truhe mit der Aussteuerwäsche und ein großer kistenartiger Schließkorb aus Weide mit ihren persönlichen Sachen. Vorn auf den Leiterwagen legte man noch ein mit einer Decke gepolstertes Brett, auf das sich Mariejann und ihre Eltern setzten. Die Kalbin band man hinten an den Wagen, der von zwei Kühen gezogen wurde. Ins Bachtal war es ja nicht weit.
Jakob ging vorn neben den Kühen, und so fuhren sie gemächlich der Vogtsmühle entgegen. Zuerst ging es ein Stück die Landstraße entlang, die an beiden Seiten von großen Bäumen gesäumt war. Jetzt im Sommer war es im Schatten dieser großen Bäume sehr angenehm. Danach nahmen sie die Abkürzung

durchs Feld. Ein Stück Weg führte durch den Wald, und dann kamen sie an der Mühle an. Jakob spannte die Kühe ab, band sie an einen Baum und legte ihnen Heu vor. Dann gingen alle ins Haus.
Dort machte die Schwiegermutter mit Weihwasser aus dem Weihwasserkesselchen, das gleich neben der Tür in der Stube hing, Mariejann ein Kreuzzeichen auf die Stirn und sagte: »Gott segne deinen Einzug«, und von nun an gehörte Mariejann zur Familie. Sie freute sich über diesen Willkommensgruß, denn sie spürte, daß er aus dem Herzen kam.
Während Jakob und Mariejann die Sachen vom Wagen luden, richtete Magdalena den Kaffeetisch her. Mariejanns Mutter hatte in einem Henkelkorb Hochzeitskuchen mitgebracht, in ein feuchtes Tuch eingepackt, der dadurch noch recht frisch war. Beim Kaffeetrinken wurde noch manches besprochen, doch dann mußten sich Mariejanns Eltern wieder auf den Heimweg machen.
Es war ein schweres Abschiednehmen für Mariejann und für ihre Eltern. Doch sie wohnten ja nicht weit voneinander entfernt, daher würde sie ihre Eltern oft besuchen, dachte Mariejann, und diese würden sicher auch oft zu ihr in die Mühle kommen.

Für Mariejann begann nun das Leben in der Vogtsmühle.
Der folgende Tag begann mit einer großen Schwüle. Jakobs Vater kam zurück vom Bienenhaus, das et-

was abseits von der Mühle stand. »Es gibt heute noch ein Gewitter, die Bienen sind unruhig, und auf der Wiese liegt kein Tau. Das ist ein Zeichen, daß es Regen gibt. Wir wollen anfangen und das Korn heimbringen«, sagte er.

Oben auf der Höhe besaßen Matthias und Magdalena ein großes Roggenfeld. Die Garben standen schon seit einer Woche auf Kasten. Das heißt: Mehrere Garben waren zusammengestellt und eine Garbe darüber gestülpt in einer Reihe durchs Feld, damit die Ähren gut trocknen konnten und vor Regen geschützt waren. Also begannen die Müllersleute damit, das Korn einzufahren. Die Arbeit zog sich bis zum späten Nachmittag hin, denn sie konnten immer nur zwei Lagen Garben auf den Wagen laden, sonst wären diese in den schmalen Wegkurven wieder heruntergefallen, und viele wertvolle Körner wären verlorengegangen. Den Leiterwagen hatten sie vorher mit einem großen Wagentuch ausgelegt, das sie oben an den Leitern befestigt hatten, damit alle Körner, die unterwegs aus den Garben herausfielen, im Tuch aufgefangen werden konnten und nicht verlorengingen.

Sie arbeiteten schwer den ganzen Tag, bis sich am späten Nachmittag der Himmel verdunkelte. Da erhob sich leises Donnergrollen und die ersten Blitze zuckten. Gegen Westen wurde der Himmel ganz gelb. »Das sieht nach Hagel aus«, sagte der Vater.

Mit Mühe erreichten sie mit der letzten Fuhre die

Scheune, da fielen die ersten dicken Tropfen. Und schon prasselten dicke, große Hagelkörner vom Himmel herab, es blitzte und donnerte zum Gotterbarmen.
Magdalena zündete eine Kerze an, die sie von einer Wallfahrt mitgebracht hatte. Matthias ging auf den Speicher. Unterm Dachfirst hing der Kräuterstrauß. In jedem Jahr pflückte man einen Strauß aus Blumen, Ähren und Teekräutern, der an Mariä Himmelfahrt in der Kirche gesegnet wurde. Man hängte ihn unterm Dachfirst auf als Schutz und Segen für Mensch und Vieh. Aus diesem Strauß nahm der Vater ein paar Blumen und Kräuter heraus, die er dann im Ofen in der Stube verbrannte. Das sollte vor Blitzeinschlag schützen.
Still saß die ganze Familie in der Stube. Es war stockfinster, obwohl es erst fünf Uhr war. Jakob hielt die Hand von Mariejann, die große Angst hatte, denn hier im Tal schallte der Donner noch viel stärker als auf der Höhe. Nach dem Gewitter legte sich dicker Nebel ins Tal. Es war, als wollte die Natur mit einem Schleier alles zudecken, was der Hagel zerschlagen hatte.
Am Morgen darauf schien wieder die Sonne vom blauen Himmel. Jakob ging auf die Höhe, um nachzuschauen, wie groß der Schaden war, den der Hagel angerichtet hatte. Dort, wo er heruntergekommen war, war alles zerschlagen. In den anderen Feldern lagen die Ähren teilweise flach auf dem Bo-

den. Wenn es wieder trocknen sollte, würde man wohl alles mit der Grassense mähen müssen, dachte Matthias. Mit dem Reff war da wenig auszurichten. Ein Glück, daß sie wenigstens das große Kornfeld hatten bergen können.

Sobald die Müllersleute mit der Ernte fertig waren, mußte Jakob wieder in seinem Handwerk arbeiten. Er war Zimmermann und Mühlenbauer (Mühlenarzt) wie seine Vorfahren. Sein Großvater hatte in die Mühle eingeheiratet und das Müllerhandwerk erlernt. In dieser Arbeit kannte sich Jakob ebenfalls aus. Als Mühlenbauer aber mußte er nicht nur eine neue Mühle einrichten können, sondern auch alle Reparaturen ausführen. Oft wurde er gerufen, um den Mühlstein wieder zu schärfen. Der wurde nämlich mit der Zeit glatt, so daß er nicht mehr richtig mahlen konnte. In den Mühlstein waren schräge Rillen eingehauen, die dazu dienten, das Getreide zwischen den Steinen zu zerteilen und zu zerreiben. Diese Rillen mußten von Zeit zu Zeit erneuert werden.
Jakob hatte nach der Ernte im Dorf den Dachstuhl eines Hauses fertigzustellen. Der Speicher wurde dringend benötigt, um das Getreide zu lagern. Er arbeitete mit einem anderen Zimmermann zusammen, und wenn es erforderlich war, halfen auch noch weitere Männer mit. Die gesamte Arbeit wurde von Hand erledigt.

In der Vogtsmühle begann der Tag früh am Morgen. Zuerst versorgte Jakob das Pferd und den Pferdestall. Dann ging er meistens zu Fuß zur Arbeit, das Handwerkszeug auf den Rücken gebunden. Hatte er an einer Stelle für längere Zeit Arbeit, lud er alles auf den Mühlkarren und spannte das Pferd vor. Sein Vater fuhr dann mit und brachte das Gefährt wieder nach Hause, denn es wurde in der Mühle gebraucht, um das Mehl in die Dörfer und auf dem Rückweg das Korn zum Mahlen in die Mühle zu bringen. Das waren Arbeiten, die der Vater noch gut bewältigen konnte, denn er war bei guter Gesundheit.

Auch für Mariejann begann der Tag immer sehr früh. Sie stand zusammen mit Jakob auf und frühstückte mit ihm. Danach ging auch sie an ihre Arbeit. Sie hatte die Kuh und die Kalbin zu füttern, zwei Schweine und Schafe, Hühner, Enten und Gänse.

Die Schwiegermutter übernahm das Melken und die Verarbeitung der Milch. Für ihren eigenen Bedarf hatten sie genug Butter und Käse. Den Gemüsegarten versorgte die Schwiegermutter auch, das machte sie gern. Es war ein großer Garten, in dem man viel anpflanzen konnte. Im Tal herrschte ein mildes Klima, so daß Gemüse und Salat prächtig gediehen. Wasser zum Gießen konnte man aus dem Bach holen. Magdalena liebte Blumen, und so blühte es in ihrem Garten vom Frühjahr bis in den Herbst. Im Haus ließ sie Mariejann freie Hand bei der Bewirtschaftung. Mariejann machte es Freude, das Haus gemütlich einzurichten, wobei viele Kissen, gestickte Decken und Blumensträuße nicht fehlten. Magdalena übernahm das Kochen. Mariejann half ab und zu und konnte dabei ihre eigenen Kochkünste verbessern. Mariejann fühlte sich wohl in der Mühle, zumal die Schwiegereltern gut und verständnisvoll zu ihr waren, was nicht immer selbstverständlich war.

Bald kam der Herbst, und es wurde Zeit für die Frauen, die Sommertücher gegen die wärmeren Kopftücher auszutauschen. Die Sommertücher waren aus feinem weißem Stoff gearbeitet, oft mit blauen Pünktchen oder Streublümchen bedruckt. Die Frauen und Mädchen auf dem Land trugen sie nur in der Erntezeit von Juni bis September. Während dieser Zeit trugen sie auch hellere Baumwollkleider mit kleinen Mustern und leichte Baumwollunterröcke. Die Kleider für Herbst und Winter waren aus warmen Stoffen und dunkel gemustert. Und stets band man eine Schürze vor.

Mariejann und Magdalena fingen an, die Kartoffeln auszumachen. Sie gruben sie mit dem Karst aus und füllten sie in Säcke, die Jakob gegen Abend mit dem Karren nach Hause brachte.
Dann wurde es Zeit, das Gemüse und Obst für den Winter zu versorgen. Auch das machten die beiden Frauen gemeinsam. Sie schnippelten die Bohnen und legten sie in einem großen Steintopf mit Salz ein.

Sie preßten sie fest, gaben etwas Wasser dazu und deckten sie mit einem Tuch und einer Schieferplatte in der Größe des Topfes ab. Das waren die sauren Bohnen für den Winter, die mit Rauchfleisch besonders gut schmeckten. Weißkraut wurde genauso verarbeitet, allerdings zu Sauerkraut, doch benutzte man hierfür ein großes Steinfaß, denn das Sauerkraut mußte bis zum folgenden Sommer reichen. Man kochte es mindestens einmal in der Woche.

Mariejann und Magdalena legten rote Bete ein mit Salz, Zucker und Essig. Die Zwetschen kochten sie in einer Zucker-Essig-Lösung und legten sie mit dem Saft in einen Steintopf, wo sie lange Zeit frisch blieben. Alle Steintöpfe wurden im kühlen Keller aufbewahrt.

Die übrigen Zwetschen sowie geschälte Apfel- und Birnenstücke wurden im Backofen getrocknet und danach in Leinensäckchen gefüllt. Das war der Vorrat an Trockenobst für den Winter.

Das Bearbeiten der Felder und das Säen der Wintersaat war Männerarbeit und wurde von Jakob und Matthias gemeinsam ausgeführt.

Wenn Matthias mit dem Karren Mehl ins Dorf brachte, nützte Mariejann die Gelegenheit oft und fuhr mit, um im Krämerladen einzukaufen. Es wurde immer etwas gebraucht, besonders aber, als der Winter vor der Tür stand. Im Spätherbst mußte man sich einen größeren Lebensmittelvorrat zulegen, denn niemand wußte, wie lang und schwer der Winter werden würde. Bei diesen Gelegenheiten besuchte Mariejann auch ihre Eltern und dann und wann eine Schulfreundin, mit der sie noch guten Kontakt hatte. Sonntags, wenn Jakob und Mariejann mit der Kutsche zur Kirche fuhren, dehnten sie die Besuche bei ihren Eltern länger aus. Meistens blieben sie über Mittag, manchmal auch bis zum Nachmittagskaffee. Sonntags verrichtete man keine schwere Arbeit, auch die Mühle stand still.

Der 25. November war das Fest der heiligen Katharina, der Schutzpatronin der Mühlen. Ein frommer Brauch wollte es, daß an diesem Tag die Mühlen stillstanden. Sie durften nicht bewegt werden, weil die heilige Katharina zu Tode gerädert worden war. Auch das Mühlenrad der Vogtsmühle stand an diesem Tag still. Nach dem Mittagessen klopfte eine Frau an die Tür. Um Kopf und Schultern hatte sie ein großes Umschlagtuch gewickelt. Es war windig und kalt, Matthias hatte am Morgen gemeint, man spüre den Schnee in der Luft, spätestens in ein paar Tagen komme der Winter.
Mariejann öffnete die Haustür. Da stand Griet vor ihr, eine Schulfreundin und sagte: »Kann ich mit dir sprechen, Mariejann? Ich weiß nicht mehr weiter.«
»So komm doch erst mal in die Stube und wärm dich auf, dann kannst du mir alles sagen«, meinte

Mariejann. Griet schaute sich um und sagte dann voller Wehmut: »Du hast es schön gemütlich hier, Mariejann.«

Sie selber war ein Arme-Leute-Kind, wie die Leute hier sagten. Ihre Eltern waren Tagelöhner, und sie selbst war schon mit vierzehn Jahren Magd bei einem Bauern geworden.

Mariejanns Schwiegereltern merkten, daß Griet etwas auf dem Herzen hatte und ließen die beiden allein in der Stube. Jakob war nicht zu Hause, er arbeitete an diesem Tag in einem anderen Dorf.

Griet begann zu erzählen: »Auf meiner ersten Stelle ist es mir sehr gut gegangen. Es gab genug zu essen , und die Leute waren gut zu mir. Aber nach ein paar Jahren mußte ich die Stelle wechseln, weil ein anderer Bauer mehr bezahlt hat. Meine Eltern wollten es so. Auch hier hab ich meine Arbeit gemacht und war zufrieden. Eine Zeitlang ging das so, bis Leo, der Sohn vom Bauern, immer wieder eine Gelegenheit gesucht hat, um bei mir zu sein. Er hat gesagt, daß er mich liebt. Ich hab gespürt, daß er es ernst mit mir meint, konnt aber doch nicht glauben, daß der Bauer das jemals dulden würde. Das ist eine Zeitlang gut gegangen, bis ich eines Tages bemerkt hab, daß ich ein Kind krieg. Leo hat es dem Vater gesagt und gehofft, daß wir nun heiraten könnten. Doch der ist noch am selben Abend in meine Kammer gekommen und hat geschrien: ›Morgen früh verläßt du das Haus. Das hätte dir so gefallen. Eine Tagelöhnertochter will sich ins warme Nest setzen.‹ Am nächsten Morgen hab ich mein Bündel genommen und mich auf den Weg nach Hause gemacht. Auf einmal ist der Leo vor mir gestanden und hat mir einen Lederbeutel in die Hand gedrückt und gesagt: ›Nimm das Geld für unser Kind, du wirst es brauchen, und denk immer daran, ich hab dich wirklich geliebt, und verzeih mir.‹ Bei meinen Eltern hat's ein großes Lamentieren gegeben. Was soll nun werden? Ich weiß es nicht.«

»Beruhige dich, Griet, ich glaube, ich weiß einen Ausweg«, sagte Mariejann. »Noch heute abend werde ich mit Jakob sprechen. Vor einiger Zeit hat er mir erzählt, daß in einer Mühle die Frau gestorben ist. Sie hinterließ zwei kleine Kinder. Ich glaube, der Mann wäre froh, wenn er jemanden wie dich hätte. Jakob könnte vielleicht mit dem Müller reden und ihm sagen, wie es um dich steht.«

Griet fiel ein Stein vom Herzen. »Ach, Mariejann, wenn ihr das für mich tun würdet, und wenn der Müller mich als Magd haben wollte, wie froh und dankbar wäre ich.«

Magdalena hatte unterdessen Kaffee gekocht, den sie nun mit Brot und Butter in die Stube brachte. Sie saßen noch eine Weile zusammen. Dann machte sich Griet auf den Heimweg, erleichtert in der Hoffnung, daß nun alles gut werden würde.

Noch am selben Abend erzählte Mariejann Jakob von dem Besuch, den sie am Nachmittag gehabt hatte, und schon am Morgen darauf setzte sich Jakob in seine Kutsche und machte sich auf den Weg zur Mühle, um mit dem Müller zu reden. Dieser war froh, daß er jemanden für seine Kinder bekommen sollte. Er sagte: »Es macht mir nichts aus, wenn noch ein Kind dazukommt. Wo zwei satt werden, wird ein drittes auch satt.« Und noch ehe es anfing zu schneien, fuhr er los und holte sich die Griet in die Mühle.

Es war so, wie Jakobs Vater vermutet hatte: Nach einigen Tagen kam der Winter. Nur ab und zu noch klapperte das Mühlrad. Die Leute in den Dörfern hatten sich mit Mehl für den Winter eingedeckt.
In der Mühle begannen die zwei Frauen mit dem Spinnen der Wolle und mit dem Strümpfestricken. Jedes Mädchen aus dem Dorf beherrschte diese Fähigkeiten, wenn es heiratete.
Mit dem Winter kam auch die gemütliche Zeit. Am Morgen brauchte man nicht mehr so früh aufzustehen. Jakob machte morgens und abends die Stallarbeit allein. Nur um die Milch kümmerten sich die Frauen. Tagsüber arbeiteten Jakob und Matthias in der kleinen Werkstatt, die am Haus angebaut war, denn sie waren nicht nur Zimmerleute, sondern besaßen außerdem die Fähigkeit, Möbel herzustellen. Jakob verstand es auch, mit dem Schnitzmesser umzugehen. So standen in der Mühle schöne Truhen und in der Stube ein selbstgearbeiteter Schrank.

Am späten Nachmittag, wenn die Dunkelheit hereinbrach, saß die Familie zusammen in der Stube bei einem Öllämpchen und erzählte sich allerlei Geschichten und Begebenheiten. Die Frauen strickten, so gut sie es beim Schein des Lämpchens vermochten. Ab und zu legten sie auch einmal die Hände in den Schoß, um sich ein wenig auszuruhen. Die Männer rauchten behaglich ihre Pfeife. Matthias hatte sich einen Vorrat an kleinen Holzspänen gemacht, die oben auf dem Schrankofen lagen. Einen solchen Fidibus brannte er im Ofen an, um damit die Pfeife anzuzünden.

Wenn sie am Abend gemütlich in der warmen Stube auf der mit Kissen gepolsterten Ofenbank saßen und wenn der Wind um die Mühle pfiff, daß das alte Mühlrad ächzte, dann fühlten sich alle so geborgen, daß sie mit niemandem auf der Welt hätten tauschen mögen.

Nicht allzuweit von ihrer Mühle entfernt stand eine weitere Mühle. Mit diesen Müllersleuten pflegten Matthias und seine Familie gute Nachbarschaft. Waren die Wege im Winter nicht zu verschneit, so besuchten sich die Familien ab und zu auf ein Plauderstündchen. Die Frauen tauschten Erfahrungen aus dem Haushalt aus, und die Männer erzählten von ihrer Arbeit, wobei natürlich auch kräftig gelacht wurde.

Sonntags fuhr Matthias mit seiner Familie zur Kir-

che. Wenn zuviel Schnee lag, schaufelte Jakob den Weg zum nahegelegenen Heiligenhäuschen frei, und sie beteten dort.
Alle zwei bis drei Wochen wurde der kleine Backofen angeheizt, um Brot zu backen. Dann gab es zu Mittag den allseits beliebten »Debbekoche« aus geriebenen Kartoffeln mit Räucherspeck in einem Kuchenblech mit extra hohem Rand, den man beim Brotbacken mit in den Ofen schob. Da sie den Backofen mit niemand teilen mußten, backten sie immer samstags Brot und hinterher noch Hefekuchen für den Sonntag. Auch ein oder zwei Weißbrote wurden mitgebacken, das war eine Abwechslung beim Frühstück. Und eine weitere Köstlichkeit am Samstag: Ein »Apfelbumm« wurde mitgebacken. Dafür nahm man etwas Brotteig, formte ihn rund und steckte einen guten milden Apfel in die Mitte, dann wurde der Teig ganz zugeformt, so daß vom Apfel nichts mehr zu sehen war und sein Saft im Teig blieb. Für jeden in der Familie wurde so ein »Apfelbumm« gebacken und am Nachmittag zum Kaffee gegessen.

Mariejann hatte sich gut in der Mühle eingelebt, sie schaffte und war sparsam, so daß sie von dem Geld, das Jakob verdiente, immer noch etwas zurücklegen konnte. »Für schlechte Zeiten«, pflegte sie zu sagen. »Spare in der Zeit, dann hast du in der Not«, hatte ihre Mutter oft gesagt und auch: »Eine Frau kann in der Schürze mehr aus dem Haus tragen, als ein Mann mit dem Wagen reinbringt.«

Eines Abends, als sie wieder gemütlich in der warmen Stube saßen, legte Mariejann den Strickstrumpf zur Seite und sagte: »Nun ist es so: Im Sommer werdet ihr Großeltern.«

Magdalena lächelte still, sie hatte es längst gemerkt, Matthias aber sagte: »Das ist das schönste Geschenk, das ihr mir machen könnt.« Jakob wußte es seit kurzer Zeit. Er freute sich sehr, sagte aber gleich: »Es wird doch hoffentlich nicht gerade in der Heuernte kommen.«

»Mach dir keine Sorgen«, meinte die Mutter, »wir sind ja auch noch da.«

Von da an nahmen Jakob und seine Eltern Mariejann alle Arbeiten ab, durch die sie oder das Kind hätten Schaden erleiden können.

Mariejann lächelte still und freute sich über soviel Fürsorge.

An einem schönen Wintersonntagnachmittag kamen Mariejanns Eltern zu Besuch, im Pferdeschlitten, warm eingepackt, denn trotz der Sonne war es sehr kalt. Es waren, wie immer, wenn die Eltern kamen, fröhliche Stunden. Diesmal aber brachten sie eine Neuigkeit mit: Susanne, Mariejanns Schwester, und Karl wollten nach Ostern heiraten. »Sie bleiben nach der Heirat bei uns im Haus,« berichteten sie, »zur Hochzeit werdet ihr noch persönlich eingeladen.«

»Das ist ja schön«, sagte Mariejann, »aber Polka werde ich dabei wohl nicht mehr tanzen können.« Alle lachten, und Jakob scherzte: »Das besorge ich dann für dich mit.«

Kurze Zeit später war Jakob wegen einer Besorgung in einem größeren Ort. Er tat sehr geheimnisvoll und übergab Mariejann ein Päckchen. Sie packte es aus und war ganz gerührt. »Ach, mein Jakob, du bist wunderbar, wie hübsch, danke.«
Jakob hatte Mariejanns Myrtenkränzchen und sein Hochzeitssträußchen in einem Bild rahmen lassen. Es war wunderschön mit weißer Seide dekoriert. An den vier Ecken stand:
»Aus der Myrte frischem Grün
möge Silber Euch erblühn«
Und unter dem Kränzchen stand der Spruch:
»Ein neues Dasein blühet für Euch beide,
die Ihr hinfort durchs Leben zieht.
Des einen Kummer sowie seine Freude
bewegt jetzt auch des anderen Gemüt.«
Gemeinsam suchten Jakob und Mariejann den besten Platz in der Stube aus, wo das Bild hängen sollte.

Nach Ostern feierten Jakob und Mariejann die Hochzeit von Susanne und Karl mit. Das Fest war genauso schön wie das bei ihrer eigenen Hochzeit, und Mariejann wünschte den beiden, daß sie auch so glücklich würden, wie sie es mit Jakob war.

Mariejanns erstes Kind, ein Sohn, wurde am 14. Juni 1851, kurz vor der Heuernte geboren. Gleich bei den ersten Anzeichen der bevorstehenden Geburt spannte Jakob das Pferd an die Kutsche und fuhr los, um im Dorf die Hebamme, die »Kindches-Bas«, zu holen. Mariejann meinte zwar, es sei noch reichlich Zeit, aber Jakob erwiderte: »Besser, die Amm wartet hier, als daß wir auf sie warten.« Im Jahr zuvor war im Dorf eine junge Frau gestorben, weil man die Hebamme zu spät geholt hatte. Auch die Schwiegereltern hatten Jakob gedrängt, gleich zu fahren.

Magdalena traf alle Vorbereitungen, die bei einer Geburt nötig waren. Matthias aber meinte: »Mir ist das ganze zu aufregend, ich geh runter an den Bach.«

Die Hebamme war reichlich früh in der Mühle, aber das machte ihr nichts aus, denn sie wurde gut bewirtet. Der Nachmittag verging und auch der Abend. Endlich, in der Nacht um halb zwei, erblickte der neue Erdenbürger das Licht der Welt. Die Geburt verlief verhältnismäßig gut, obwohl das Kind sehr kräftig war. Es wurde Matthias nach seinem Großvater genannt. Dieser war mächtig stolz auf den Jungen. »Der wird wieder ein Zimmermann«, meinte er lachend.

Schon einen Tag später wurde Matthias getauft. Ein Federkissen wurde zur Hälfte eingedrückt, so daß es wie ein kleines Bettchen war. Dort hinein legte man den kleinen Matthias. Die schöne alte Taufdecke wurde darüber geschlagen. Die Großmutter nahm das Bündelchen behutsam auf den Arm und so fuhren sie mit Jakob und Großvater Matthias in der Kutsche zur Kirche. Dort warteten bereits Mariejanns Eltern und die Taufpaten.
Nach der Taufe fuhren alle in die Mühle, wo sie sich bei selbstgebranntem Apfelschnaps, Schinkenbroten und Kaffee stärkten. Die Paten schenkten dem Kind einen Goldtaler.

Mariejann lag noch im Kindbett. Jeden Tag kam die Amme, um sie und das Kind zu versorgen. Die junge Mutter erholte sich schnell von der Geburt und nahm ihre gewohnte Arbeit bald wieder auf, obwohl die überglückliche Großmutter bei allem sagte: »Laß es sein, ich mach es doch.« Mariejann aber erwiderte: »Hüte mir den Kleinen gut, das ist mir das Wichtigste.«

Später, als die Zeit für die Kornernte gekommen war, nahm sie den Kleinen mit aufs Feld. Er bekam ein Bettchen in einem kleinen Leiterwagen, den Mariejann an einen schattigen Platz stellte, nicht weit vom Feld entfernt. Wenn der Kleine dann schrie, nahm Mariejann ihn aus dem Wägelchen heraus, setzte sich auf eine Garbe und stillte ihn. So war er schon früh überall mit dabei. Auch zum Kartoffelausmachen nahm sie ihn mit und versorgte ihn von Zeit zu Zeit. So brauchte sie nicht zu Hause bleiben und konnte bei der Arbeit draußen auf den Feldern mithelfen.

Großvater Matthias arbeitete in diesem Winter nicht mehr soviel wie früher in der Werkstatt, sondern verbrachte die meiste Zeit mit dem Kleinen, an dem er seine helle Freude hatte. Seine liebste Beschäftigung war, das Kind in der Wiege zu schaukeln. Schlief es dann fest, baute Matthias in der Werkstatt ein Schaukelpferdchen für seinen Enkel. Danach wollte er ein Pferdchen mit Leiterwagen bauen. Für den Großvater drehte sich alles nur noch um das Kind.

Der Winter ging zu Ende, Frühling, Sommer und Herbst zogen ins Land. Das Mühlrad drehte sich wie eh und jeh, und die Menschen in der Mühle waren glücklich und zufrieden. Mariejann erwartete wieder ein Kind, das im Februar zur Welt kommen sollte. Die zweite Schwangerschaft empfand Mariejann beschwerlicher als die erste, aber ihre Schwiegermutter nahm ihr viele Arbeiten ab.

Matthias war ein munteres Kind. Er bereitete allen viel Freude. An Heiligabend stand das neue Schaukelpferd für Matthias unter dem Christbaum, aber der wußte gar nicht so recht, was er damit anfangen sollte. Da setzte ihn Großvater Matthias auf das Schaukelpferd und zeigte ihm, wie er schaukeln sollte. Aber das war dem kleinen Mann nicht so geheuer. Großvater lachte und meinte: »Es wird nicht lange dauern, und er wird nicht mehr runter wollen.«

Matthias aber hatte das Pferdchen und das Leiterwägelchen entdeckt, das ihn viel mehr interessierte. Er jauchzte und zog das Pferdchen mit dem Wagen in der Stube hin und her.

Die Erwachsenen konnten gar nicht genug schauen und hatten kaum Zeit, ihre eigenen Geschenke auszupacken. Mariejann und Magdalena hatten den beiden Männern nützliche Sachen gestrickt. Dazu bekam Großvater noch eine neue Pfeife und einen Tabaksbeutel. Für Jakob hatte Mariejann ein Taschenmesser und Hosenträger gekauft. Jakob schenkte Mariejann ein großes Umschlagtuch und seiner Mutter ein warmes Kopftuch.

Das Wetter war gut und so beschlossen sie, ins Dorf zur Christmette zu fahren. Nur Großvater blieb zu Hause und hütete das Kind, das mit roten Bäckchen in seinem Bettchen schlief. Er heizte den Ofen gut an, damit es schön warm wäre, wenn die anderen aus der Christmette zurückkämen. Und als es soweit war, schlief er tief und fest im Lehnstuhl, die neue Pfeife, die er ausprobiert hatte, lag auf dem Tisch.

Mariejanns und Jakobs zweites Kind, wieder ein Junge, wurde am 17. Januar 1852 geboren. Er erhielt den Namen Anton, weil er am Antoniustag zur Welt kam, etwas zu früh und nicht so kräftig wie Matthias. Die Hebamme gab ihm die Nottaufe. Draußen lag meterhoch Schnee, und es war nicht daran zu denken, mit dem Kind zur Kirche zu fahren.
Jakob hatte die Kindches-Bas zu Fuß abgeholt, das war bei dem Schnee eine gute Stunde Fußmarsch. Sie blieb einige Tage in der Mühle, um Mutter und Kind zu versorgen. Das war möglich, weil sie in dieser Zeit nirgendwo anders gebraucht wurde. Nach einigen Tagen begleitete Jakob sie wieder nach Hause.

Der Schnee lag fast drei Wochen lang, dann erst wurden die Wege etwas freier. Nun konnte die Familie endlich zur Kirche fahren, um Anton richtig taufen zu lassen. Jakob zog sich auf der Fahrt eine schwere Erkältung zu, bekam Fieber und mußte das Bett hüten. Mariejann pflegte ihn, so gut sie es vermochte, und der Großvater, der schon immer Heilkräuter gesammelt hatte, stellte einen Tee für Jakob zusammen. Trotzdem dauerte es eine Weile, bis Jakob genas.
Magdalena und Matthias, die noch rüstig waren, halfen Mariejann, wo es nötig war, denn mit zwei kleinen Kindern hatte sie viel Arbeit.
Als das Frühjahr kam, war Jakob zwar wieder gesund, aber er fühlte sich noch nicht so stark wie frü-

her, daher arbeitete er noch nicht in seinem Handwerk, sondern nur in der Mühle und im Stall.

Magdalena war unermüdlich: Sie hängte auf der Wiese Windeln auf, besserte Wäsche aus oder stopfte Strümpfe. Mit der Gartenarbeit hatte sie auch schon angefangen.
Mariejann, die Sorge hatte, daß der Großmutter die Arbeit zuviel werden könnte, ermahnte sie öfter zum Ausruhen. Doch davon wollte diese nichts wissen.
Für den kleinen Matthias begann eine herrliche Zeit. Er lief draußen herum, wo es viel zu entdecken gab, zum Beispiel Hühner, Enten und Gänse. Doch einmal, als die ein zu großes Geschnatter machten, bekam er Angst und lief zur Großmutter in den Garten. Dort kippte er, ehe die Großmutter es sich versah, den Salatsamen um. Also mußte er wieder raus aus dem Garten. Großmutter nahm ihn bei der Hand und ging mit ihm den Bach entlang. Da konnte er kleine Steinchen ins Wasser werfen. Das Geplatsche machte ihm großen Spaß.
Der kleine Anton hatte sich mittlerweile zu einem kräftigen Kind entwickelt, sehr zur Freude seiner Eltern und Großeltern.

Die Jahre vergingen. Ab und zu kamen am Sonntagnachmittag Mariejanns Eltern zu Besuch, manchmal zusammen mit Susanne und Karl, die auch schon zwei Kinder hatten. Im Bachtal fühlten sich alle wohl, und Sebastian, Susannes ältestes Kind, wollte oft gar nicht mehr nach Hause, sondern lieber bei Matthias bleiben und am Bach spielen.

An einem milden Sommersonntag fuhr an der Mühle eine Kutsche vor. Wer mag das wohl sein? fragte sich Jakob und ging nach draußen, um nachzusehen. Matthias und Anton hielten ein Mittagsschläfchen. Mariejann und Magdalena waren gerade mit der Hausarbeit fertiggeworden und wollten sich auf die Bank vorm Haus setzen. Aus der Kutsche hüpften zwei Kinder, und hinterher kam eine Frau mit einem Jungen, der etwa genauso alt wie Matthias war.
»Ach Gott«, rief Mariejann, »das ist ja Griet.«
Ja, es waren Griet und der Müller. Das war ein freudiges Wiedersehen! Später, als alle am Kaffeetisch saßen, fing der Müller an zu erzählen: »Als ich Griet in die Mühle geholt hab, hab ich gleich gedacht, die könnte mir gefallen. Noch ehe sie ihr Paulchen geboren hatte, haben wir geheiratet, so daß wir eine richtige Familie waren. Ich bin so glücklich, daß ich in ihr eine gute Frau und liebvolle Mutter für meine Kinder und eine so tüchtige Hausfrau gefunden hab.«
»Und euch wollen wir danken«, sagte Griet, »daß ihr mir damals geholfen habt.« Sie packte eine prächtige Tischdecke aus, die sie selbst gestickt hatte.

»Ihr braucht uns nicht zu danken«, sagte Jakob, »es ist schön, daß es so gekommen ist und ihr euch so gut versteht. Wir freuen uns darüber.«
Das wurde ein vergnügter Nachmittag. Der kleine Matthias, der mittlerweile ausgeschlafen hatte, freundete sich schnell mit Paulchen an.
Als Griet und ihre Familie wieder nach Hause fuhren, versprachen Jakob und Mariejann, so bald wie möglich den Besuch zu erwidern.
Doch dann kamen die Heu- und die Getreideernte. Es wurde September, bis Mariejann und Jakob ihr Versprechen einlösen konnten.
An einem warmen Spätsommersonntag fuhr die ganze Familie mit der Kutsche los. Griets Mühle stand in einem etwas breiteren Bachtal, war größer und das Wohnhaus geräumiger als das der Vogtsmühle Alles wirkte sehr gepflegt und liebevoll in Ordnung gehalten.
Griet freute sich sehr, als sie sah, wer zu Besuch gekommen war. »Erst gestern haben wir Brot und Kuchen gebacken, so können wir euch gut auftischen«, sagte sie.
Die Frauen hatten sich viel zu erzählen und die Männer erst recht. Allen verging der Nachmittag viel zu schnell. Beim Abschied fragte Griet: »Mariejann, würdest du Taufpatin werden? Bei uns hat sich Nachwuchs angemeldet.«
»Das mache ich sehr gern, liebe Griet, schickt uns früh genug Bescheid.«

Griet bekam ein Mädchen und nannte es Mariejann, zur Erinnerung, daß diese ihr damals geholfen hatte, und Mariejann wurde stolze Patin.

Drei weitere Jahre waren vergangen, und auch in der Vogtsmühle war ein Mädchen zur Welt gekommen. Es wurde auf den Namen Magdalena getauft nach der Großmutter.

Jakob war sehr viel unterwegs, mal als Zimmermann, mal als Mühlenbauer. Die Großeltern halfen noch so gut sie konnten, ab und zu saßen sie aber auch einmal auf der Bank unterm Apfelbaum. Anton war ein lebhaftes Kind geworden und spielte am liebsten am Bach. Die kleine Magdalena lag in ihrem Wägelchen. Wenn sie weinte, zog der Großvater den Wagen ein bißchen hin und her, bis sie eingeschlafen war.

Mariejann hatte alle Hände voll zu tun. Schon früh am Morgen stand sie an der Waschbütt, um die Wäsche zu waschen. Bei drei Kindern fiel da einiges an. Und alles mußte von Hand gewaschen werden. An sonnigen Tagen legte sie die weiße Wäsche zum Bleichen auf die Wiese. Das Wasser dazu nahm sie aus dem Bach. Hierbei half ihr meistens die Großmutter.

Jakob beschäftigte sich sonntags gern mit den Kindern, dann hatte Mariejann auch mal eine Stunde Zeit zum Ausruhen. Sie war sehr zufrieden mit ihrem Leben. Es hatte ihr viel Gutes gebracht.

Als die kleine Magdalena ein Jahr alt war, meinte eines Tages Großmutter Magdalena zu Mariejann und Jakob: »Hört mal, es ist bald Kirmes im Dorf. Geht doch dieses Jahr mal zum Tanzen. Seit eurer Hochzeit habt ihr nicht mehr das Tanzbein geschwungen.« Mariejann wollte nicht so recht, doch die Großeltern sagten: »Geht ruhig, wir passen auf die Kinder auf.«
Und so kam es, daß sich Mariejann ein neues Kleid nähen ließ, denn sie war nach den Geburten der Kinder doch etwas füllig geworden. Aus der Truhe nahm sie ihren Schmuck , den sie nur selten anlegte, und am Kirmestag ging sie fröhlich zusammen mit Jakob zum Tanz. Beide genossen es, wieder einmal Polka zu tanzen. Jakob wirbelte Mariejann im Kreis herum wie damals bei der Hochzeit und sagte: »Du bist noch genauso schön wie als junges Mädchen« und nahm sie dabei ganz fest in den Arm. Sie erwiderte: »Und du bist der liebste Mann der Welt.« Am späten Abend zogen sie wieder der Mühle zu. Es machte ihnen nichts aus, daß der Weg sehr lang war. Sie waren den Großeltern dankbar, daß sie ihnen diese fröhlichen Stunden ermöglicht hatten, und erzählten am Tag darauf so begeistert von dem Kirmesabend, daß es Magdalena und Matthias freute.

Dann aber verlangte der Alltag wieder ihre ganze Kraft. Jakob arbeitete in seinem Beruf und ging, wenn er Zeit hatte, in die Natur, um Heilkräuter zu sammeln. Sein Vater hatte ihn alles Wissenswerte darüber gelehrt, und Jakob schrieb es in einem Buch auf. Dahinein schrieb er auch seine Wetterbeobachtungen, von trockenen und nassen Sommern und Wintern mit Regen, Sturm oder Schnee, sowie alle Wetterregeln, die er kannte. Er interessierte sich auch für die Sterne und schaute an manchen Abenden gedankenverloren in den Himmel.

Einmal kam Mariejann still dazu, und Jakob sagte: »Diesen Sternenhimmel, diese Unendlichkeit werden die Menschen wohl nie erforschen, und das ist auch gut so.«

Die beiden gingen dann schweigend ins Haus zurück, standen an den Betten ihrer Kinder, die friedlich schliefen, und Mariejann meinte: »Das ist unser Himmel, und das ist gut so.«

Gelegentlich, wenn der Vorrat an Haushaltswaren zu Ende ging, mußte Mariejann ins Dorf zum Einkaufen. Großvater Matthias kutschierte sie auf dem Mühlkarren. Über die Mehlsäcke hatte er eine Decke gelegt, so daß kein Mehlstaub an Mariejanns Kleider kam.

»Hol mich an meinem Elternhaus wieder ab«, sagte sie, als sie an einem solchen Einkaufstag, am Krämerladen vom Karren stieg. Sie freute sich, wieder einmal ihre Eltern und ihre Schwester mit den Kindern besuchen zu können. Gutgelaunt erledigte sie

ihre Einkäufe und betrat kurze Zeit später ihr Elternhaus.
Was ist heute los? dachte sie. Mutter kommt mir gar nicht entgegen. Vielleicht ist sie zu beschäftigt und hat mich gar nicht kommen sehen.
Mariejann betrat die Stube und blieb vor Schreck stehen: Der Vater stand am Fenster, die Mutter saß am Tisch und stützte den Kopf in die Hände. Ihre Schwester Susanne saß auf einem Stuhl und weinte. Ängstlich sah Mariejann von einem zum anderen. »Was ist los? Susanne, um Gottes willen, was ist passiert?« fragte sie. Susanne aber weinte nur noch mehr. Mariejann ging zu ihr, setzte sich neben sie auf einen Stuhl und sagte: »Sprich, komm, erzähl mir, was geschehen ist.« Aber Susanne brachte nur den einen Satz heraus: »Karl ist verschwunden.«
Mariejann konnte sich darauf keinen Reim machen, nahm die Hände ihrer Schwester und sagte: »Beruhige dich erst mal, und dann sag mir alles.«
Daraufhin fing Susanne ganz langsam an zu erzählen: »Karl ist gestern wie immer zur Arbeit gegangen, es sollte Richtfest gefeiert werden. Ein reicher Bauer hat eine neue Scheune und Stallungen gebaut. Ich hatte kein gutes Gefühl, denn in letzter Zeit hat Karl bei solchen Gelegenheiten immer ein Schnäpschen mehr getrunken, als er vertragen kann, und wurde sehr schnell aufbrausend und zornig. Ich hab den ganzen Abend auf ihn gewartet, aber er ist nicht nach Hause gekommen. Die ganze Nacht über

bin ich in der Stube gesessen und hab immer wieder durchs dunkle Fenster geschaut, aber vergebens. Gegen Morgen ist der Gendarm zu uns gekommen und hat nach Karl gefragt.
›Ja, wenn ich das wüßte, würde ich nicht hier sitzen und auf ihn warten. Warum fragen Sie nach ihm? Ist was passiert?‹ hab ich gesagt. Da hat der Gendarm gesagt: ›Es muß schon spät gewesen sein, als Karl und Ferdinand, ein anderer Maurer, sich auf den Weg nach Hause gemacht haben. Nach Aussagen der anderen Arbeiter waren beide angetrunken. Unterwegs muß dann was passiert sein. Den genauen Hergang kennen wir noch nicht. Nur, daß kurze Zeit später Hans, ein weiterer Arbeiter, der denselben Weg hatte, ebenfalls nach Haus gegangen ist und den Ferdinand gefunden hat. Der hat verletzt am Weg gelegen und hatte am Kopf eine Wunde, aus der er stark blutete. Anscheinend war er eine Zeitlang bewußtlos. Hans hat ihn gefragt, was denn passiert ist und Ferdinand hat nur *Karl* gesagt. Hans hat sofort Hilfe geholt, und gemeinsam haben sie Ferdinand zum Arzt gebracht. Der hat ihn dann ins Krankenhaus gebracht. Mehr weiß ich auch noch nicht. Wenn Ihr Mann nach Hause kommt, sagen Sie ihm bitte, daß er sich bei uns zu melden hat. Er wird als dringend tatverdächtig gesucht.‹ Und dann ist der Gendarm wieder gegangen.«
Mariejann war entsetzt und versuchte, Susanne zu trösten: »Es wird schon nicht so schlimm werden, si-

cher kommt Karl bald wieder, und alles wird sich aufklären.«
Der Vater aber sagte immer wieder: »Wenn er ihn niedergeschlagen hat, warum ist er dann davongelaufen?«
»Beruhige dich, Vater«, entgegnete Mariejann, »noch weiß man ja nicht, wie es passiert ist, und außerdem hatten die beiden getrunken. Verliert nicht den Mut, vielleicht sieht schon morgen alles ganz anders aus. Heute abend spreche ich mit Jakob, und morgen früh kommen wir, um euch zu helfen.« Nur ungern fuhr sie mit dem Großvater zur Mühle zurück.
Am Abend überlegten alle gemeinsam, was zu tun sei. Magdalena und Matthias meinten: »Fahrt morgen früh hin und schaut, ob ihr helfen könnt. Die Kinder versorgen wir.«
Und so geschah es dann. Als Mariejann und Jakob im Dorf ankamen, war Karl immer noch nicht zurückgekehrt. Susanne war ganz verstört. Mariejann versuchte, sie und die Eltern zu beruhigen, kümmerte sich um die Kinder und schaute überall nach dem Rechten. Jakob versorgte unterdessen das Vieh, denn dazu war an diesem Tag sonst niemand in der Lage. Sobald er im Stall fertig war, machte er sich mit den anderen Männern aus dem Dorf auf die Suche nach Karl. Sie durchforschten die gesamte nähere Umgebung, aber sie kamen zurück, ohne eine Spur von ihm gefunden zu haben.
Susanne wartete die ganze Nacht in der Stube, weil

sie hoffte, daß er irgendwann ans Fenster klopfen würde. Wenn er nur noch lebt und nach Hause kommt, alles andere wird schon wieder werden, dachte sie und betete, daß Gott sie erhören möge.
Die Nachricht von Karls Verschwinden machte in den umliegenden Dörfern schnell die Runde, und so kamen zwei Tage später auch Karls Bruder und seine Eltern, um sich nach dem neuesten Stand der Dinge zu erkundigen. Alle waren schockiert, aber helfen konnten sie auch nicht.
Der Bruder machte sich zusammen mit den Männern aus dem Dorf auf die Suche nach Karl – vergebens. Da gaben sie auf. Entweder hält Karl sich versteckt und kommt von selber wieder nach Hause, überlegten sie, oder aber ..., doch das wollten sie nicht zu Ende denken.

Susanne, die während der vergangenen drei Nächte kaum geschlafen hatte, saß in der Stube, wartete und betete immer wieder: »Lieber Gott, hilf, daß er wieder nach Hause kommt.« Am vierten Abend war sie so müde, daß sie mit dem Kopf auf der Tischplatte einschlief.
Plötzlich wurde sie von einem Geräusch geweckt. Jemand klopfte ans Fenster. Schnell sprang sie auf, um nachzuschauen, wer draußen wäre. Da stand Karl. Sie stürzte zur Haustür, öffnete, fiel ihm um den Hals und stammelte: »Ach Karl, daß du noch am Leben bist. Ich hatte solche Angst um dich.«

Erst in der Stube bemerkte sie, wie erbärmlich er aussah.
Karl fragte gleich: »Was ist mit ihm? Wie geht es ihm? Ist er tot?«
»Nein, nein, er lebt, und es geht ihm schon etwas besser.«
Karl ließ sich aufatmend auf die Ofenbank fallen. »Und ich dachte, ich hätte ihn totgeschlagen, als ich ihn so leblos daliegen sah. In Panik bin ich fortgerannt, immer weiter, nur fort, nur fort. Ständig hab ich Ferdinand vor mir gesehen, leblos auf dem Boden liegen. Erst heute bin ich zur Ruhe gekommen, konnte ich wieder einen klaren Gedanken fassen. Und es war mir, als ob eine Stimme zu mir sagen würde: ›Geh nach Hause, alles wird gut.‹ Und als es dunkel wurde, habe ich mich auf den Heimweg gemacht. Am Tag hab ich mich, aus Angst, jemand könnte mich sehen, versteckt. Ich hab mich am Bachlauf orientiert und so schließlich nach Haus gefunden.«
»Ach Karl, wie bin ich froh, daß du wieder heimgefunden hast. Ich mach dir gleich was zu essen, und morgen früh gehen wir zusammen zum Gendarmen, und du sagst ihm, wie sich alles zugetragen hat.«
Unterdessen waren auch die Eltern aus ihrer Schlafkammer gekommen. Sie hatten Stimmen in der Stube gehört. Als der Vater sah, daß Karl zurückgekommen war, stürzte er mit geballten Fäusten auf ihn zu und brüllte: »Du Lump, beinahe hättest du einen Menschen totgeschlagen, und deine Kinder hätten

einen Mörder zum Vater gehabt. Schämen muß man sich für dich.«
Karl nickte und sagte leise: »Du hast ja recht. Es tut mir so leid, ich weiß selbst nicht, warum ich das getan habe.«
Alle schwiegen eine Weile, bis Susanne schließlich sagte: »Kommt, wir wollen versuchen, noch ein paar Stunden zu schlafen. Morgen wird ein schwerer Tag.«

Am Morgen darauf machten sich Karl und Susanne nach dem Frühstück auf den Weg zur Gendarmerie. Susanne meinte: »Du wirst sehen, alles wird wieder gut.«
Der Gendarm staunte nicht schlecht, daß Karl wieder aufgetaucht war. Er schrieb auf, was Karl aussagte. Dann meinte er: »Aber nun muß ich alles noch meinem Vorgesetzten melden. Das Gefängnis wird dir sicher nicht erspart bleiben.«
Und so kam Karl in Untersuchungshaft.
Für Susanne begann ein Spießrutenlaufen im Dorf. Die Leute tuschelten, wenn sie vorbeiging, doch sie wollte stark bleiben und dachte an den Bibelspruch »Wer von euch ohne Fehler ist, der werfe den ersten Stein«. Mit der Zeit würde schon noch Gras über die ganze Angelegenheit wachsen, hoffte sie.
Ihre Eltern gingen in dieser Zeit wenig aus dem Haus. Diese Geschichte nahm sie sehr mit. Jakob holte sie fast jeden Sonntag für einen Nachmittag in die Mühle, damit sie auf andere Gedanken kämen.

Karls Bruder half Susanne während der Woche bei der Feldarbeit.

Einige Monate nach dem Vorfall war der Termin für die Gerichtsverhandlung. Karl saß immer noch in Untersuchungshaft. Ferdinand war inzwischen aus dem Krankenhaus entlassen worden. Die Gerichtsverhandlung war öffentlich, daher waren viele Männer aus dem Dorf anwesend. Alle warteten gespannt auf die Verhandlung. Mariejann und Jakob waren auch gekommen. Susanne saß zwischen ihnen, und Mariejann hielt die Hand ihrer Schwester, um sie zu beruhigen. Neben Jakob saß Karls Bruder. Die Eltern waren zu Hause geblieben, sie kümmerten sich um die Kinder, außerdem wäre es ihnen viel zu aufregend gewesen, hatten sie gemeint.

Nachdem Hans ausgesagt hatte, begann Ferdinand zu erzählen: »Ja, wir hatten beide schon etwas zu viel getrunken, aber ich war es, der den Streit angefangen hat. Das weiß ich noch genau. Ich habe es noch nie gut vertragen können, daß Karl in seinem Handwerk so tüchtig ist. Deswegen habe ich ihn nach einem Wortwechsel ins Gesicht geschlagen. Daraufhin hat er die Fassung verloren und mit einem Stock auf mich eingeschlagen. Dann muß ich wohl das Bewußtsein verloren haben, denn als ich zu mir gekommen bin, habe ich im Krankenhaus gelegen. Mehr habe ich nicht zu sagen.«

Danach mußte Karl seine Aussage machen. Er erklärte: »Es tut mir leid, daß ich das getan habe. Ich habe wohl in meinem Rausch die Kontrolle über mich verloren, als Ferdinand mich so beleidigt und mich ins Gesicht geschlagen hat. Ich war so voll Wut, daß ich, ohne nachzudenken, zu einem Stock gegriffen hab, der da zufällig am Weg gelegen hat, und auf ihn eingeschlagen hab. Wie oft, das weiß ich nicht mehr. Und als er dann so am Boden gelegen ist, habe ich eine Riesenangst bekommen, daß ich ihn totgeschlagen hätte, und bin fortgerannt. Immer weiter, immer weiter, bis ich wieder einen klaren Gedanken hab fassen können. Dann bin ich nach Hause gegangen.«

Daraufhin erging der Richterspruch: Karl wurde wegen gefährlicher Körperverletzung im Affekt und unterlassener Hilfeleistung zu drei Monaten Gefängnis verurteilt, die mit der Untersuchungshaft schon abgesessen waren. Außerdem mußte er eine Geldstrafe ans Gericht zahlen. Das Urteil fiel so milde aus, weil Karl die Tat in volltrunkenem Zustand verübt hatte, und weil er sich gestellt und Reue gezeigt hatte. Außerdem war Ferdinand in der Zwischenzeit voll genesen und hatte keine bleibenden Schäden davongetragen, und er hatte zugegeben, daß er den Streit angefangen und somit auch einen Teil Mitschuld hatte.

Karl konnte das Gericht als freier Mann verlassen. Susanne fiel ihm um den Hals. »Nun ist alles wieder

gut«, sagte sie. Karl ging zu Ferdinand und bat ihn um Verzeihung für das, was er ihm angetan hatte. Und Ferdinand nahm die Hand, die sich ihm entgegenstreckte, und sagte: »Alles ist vergessen und vergeben. Wir sind wieder Freunde wie vorher.«
»Jetzt erst fühle ich mich richtig frei«, meinte Karl aufatmend, »jetzt laßt uns alle nach Hause gehen.«

Das Leben ging weiter, mit all seinen Höhen und Tiefen, mit Glück und Leid. Bei Susanne und auch in der Vogtsmühle. Die Kinder Matthias, Anton und Magdalena wuchsen heran. Matthias ging gern mit seinem Vater ins Bachtal und in den Wald, denn er interessierte sich für alles, was draußen wuchs, und stellte tausend Fragen. Seine Arbeiten verrichtete er immer sehr gewissenhaft. Eines Tages wollte er auch mit zum Zimmermannsplatz, um zuzuschauen, wie das Holz bearbeitet wurde. Der Großvater freute sich darüber und meinte stolz: »Ich hab es doch gleich gesagt, daß er einmal Zimmermann wird.« An den Winterabenden nahm Matthias oft das Buch vom Vater, um darin zu lesen, stellte Fragen dazu, um alles ganz genau zu wissen und prägte sich vieles ein.
Nach dem Ende der Schulzeit ging Matthias mit seinem Vater und lernte Zimmermann und Mühlenbauer. Nur das Mahlen in der Mühle machte ihm keinen Spaß.

Anton war das Gegenteil von Matthias. Er tollte draußen herum und brachte alles mit nach Hause, was für ihn interessant war. Kleine Tiere, Steine und Wurzeln. Nur von der Arbeit wollte er nichts wissen, dafür hatte er keine Geduld. Jakob sah es mit Besorgnis, doch Mariejann meinte: »Laß ihn sich austoben, irgendwann wird er schon vernünftig werden.« Oft saß Anton am Bach, lauschte dem munteren Geplätscher, nahm seine Mundharmonika und spielte. Manchmal sang er auch. »Er kann genauso schön singen wie deine Mutter, und er hat ihre Frohnatur. Du wirst sehen, mit der Arbeit wird er sich auch noch irgendwann anfreunden«, sagte Mariejann.
Und so kam es auch. Als Anton die Schulzeit hinter sich gebracht hatte, ging er zum Großvater und sagte: «Ich möchte Müller werden, aber kein Zimmermann.« Der Großvater war hocherfreut. »Komm, mein Junge, ich will dich alles lehren, damit du ein guter Müller wirst.« Und so verbrachte Anton fortan seine Tage mit dem Großvater in der Mühle. Die Arbeit machte ihm Spaß, und er sang oder pfiff immer ein Liedchen dabei.
Magdalena war ein großes Mädchen geworden. Sie sah ihrer Mutter sehr ähnlich. Auch das stille und geduldige Wesen hatte sie von ihr. Schon früh machte sie schöne Handarbeiten, häkelte und stickte mit großer Geduld und Sorgfalt. Obwohl sie noch zur Schule ging, stickte sie schon für den Altar in der Kirche eine Decke. Außerdem half sie ihrer Mutter

oft und gern im Haushalt. Einmal bat sie die Großmutter: »Binde mir deine große Schürze um, ich möchte dir beim Kochen helfen.« Die Großmutter lachte, band ihr aber dann doch die Schürze vor, die Magdalena bis zu den Schuhen reichte. »So, jetzt kochen wir eine Milchsuppe mit Klößchen für das Abendessen«, schlug die Großmutter vor. Magdalena durfte aus Mehl und Eiern kleine Klößchen formen und in die Milch einrühren. Dann kam noch etwas Salz und Zucker dazu, und am Abend lobten alle die kleine Köchin und behaupteten, noch nie eine so gute Milchsuppe gegessen zu haben.

Das machte Magdalena so stolz, daß sie nun öfter beim Kochen helfen wollte. Mariejann mußte ihr auch eine Schürze mit Streifen nähen, wie Großmutter sie bei der Küchenarbeit trug. Magdalena kannte ihre Mutter und Großmutter nur mit vorgebundener Schürze, auf der vorne große Taschen aufgenäht waren. Hier fand so manches Platz. Die Schürze wurde auch schon mal in die Höhe gerafft, wenn die Frauen über die Wiese gingen, um das Fallobst zu sammeln. Die Kinder freuten sich immer, wenn sich in den großen Schürzentaschen auch mal ein Stück Würfelzucker oder ein »Zuckersteinchen« befand, das war etwas Besonderes für sie.

So sammelte auch Magdalena in ihren Schürzentaschen alles, was sie interessant fand, und die Mutter mußte erst einmal alles ausräumen, ehe sie die Schürze in die Waschlauge legen konnte.

Einmal kam Magdalena nach Hause und rief schon von weitem: »Mutter, guck mal, was ich gefunden habe.« Sie hatte die Schürze hochgerafft, machte ganz vorsichtige Schritte und holte ein kleines Kätzchen aus der Schürze. »Gell, Mutter, das darf ich doch behalten«, bettelte sie.

»Nun ja«, meinte die Mutter, »Milch haben wir ja genug, und wenn sie größer ist, darf sie unseren anderen Katzen beim Mäusefangen helfen.«

Jakob und Mariejann fanden nur noch ganz selten für sich Zeit. Doch an den warmen Sommerabenden saßen sie manchmal draußen auf der Bank am Bach. Es war der Lieblingsplatz von Mariejann gewesen, als sie früher als junges Mädchen hier bei Jakob im Bachtal war. »Weißt du noch?« fragte sie, und sie lachten über so manches, was nun schon so lange, lange her war. Dann sprachen sie von den Kindern und wie verschieden sie doch waren. »Wir zeigen ihnen den Weg, gehen müssen sie ihn alleine«, sagte Mariejann oft. Dann schwiegen sie eine Weile, bis es kühl wurde und sie ins Haus gingen.

Anton war inzwischen achtzehn Jahre alt geworden, er war von kräftiger Statur und trug die Mehl- und Körnersäcke allein. Großvater brauchte ihm dabei nicht mehr zu helfen. Auch in die Dörfer fuhr er mit dem Mühlkarren allein. Oft sagte Großvater: »Ich bin zufrieden mit dem Anton. Er ist ein guter Müller geworden. Jetzt weiß ich, daß sich unser Mühlrad

weiter drehen wird.« Auch mit Matthias, der das genaue Ebenbild seines Vaters war, und mit Magdalena, die sich zu einer guten Hausfrau entwickelte, war er zufrieden. Und die Großmutter natürlich auch.
Im Sommer saßen die beiden oft auf ihrer Bank oder gingen ein Stündchen durchs Bachtal, das sie so sehr liebten. Manchmal standen sie auch am Gartenzaun und lobten Mariejann, die alles in Ordnung hielt, und sie freuten sich an den Blumen, die wie jedes Jahr wunderschön blühten.
An den langen Winterabenden klapperte Mariejann mit den Stricknadeln. Auch Magdalena hatte schon das Strümpfestricken erlernt, und die Großmutter konnte nun die Hände in den Schoß legen. Der Großvater rauchte sein Pfeifchen wie eh und je, auch Jakob rauchte Pfeife. »Das gehört zur Gemütlichkeit im Winter«, pflegte er zu sagen. Manchmal spielte Anton auf der Mundharmonika, und Magdalena sang dazu. Matthias, der nicht so musikalisch war, blätterte unterdessen lieber in Vaters Buch, das er schon fast auswendig konnte.

Nach einem besonders harten Winter war es, als hätte der Herrgott zu den Großeltern gesagt: »So, ihr durftet hier viel Schönes erleben, aber jetzt mache ich die Himmelstür für euch auf.« Im Frühjahr kam eine schlimme Grippewelle, die zuerst den Großvater und kurze Zeit später auch die Großmut-

ter dahinraffte. Selbst Jakobs bester Tee konnte es nicht verhindern. Gegen diese Grippe war kein Kraut gewachsen.
Jakob, Mariejann und die Kinder weinten sehr um die beiden gütigen Menschen. In der Mühle hinterließen sie eine große Lücke. Jakob und Mariejann wollten die Liebe, die sie von Magdalena und Matthias erhalten hatten, weitergeben. Im darauffolgenden Jahr starben auch Mariejanns Eltern kurz hintereinander. Die Mutter erlag einer Lungenentzündung und der Vater einem Schlaganfall.

Doch das Mühlrad klapperte weiter im Tal. Matthias war mittlerweile selbständiger Zimmermann geworden. Jakob ging nur noch ab und zu mit zur Arbeit. Meistens blieb er zu Hause und half Mariejann in Stall und Feld. Anton arbeitete in der Mühle. Magdalena war für ein Jahr in einem großen bäuerlichen Haushalt tätig, damit sie ihre Kenntnisse vervollständigen konnte.
Mariejann und Jakob saßen nun öfter auf der Bank unter dem Apfelbaum. Der Baum war alt geworden, und manche seiner Äste waren abgebrochen, aber im Frühling blühte er noch immer, und er trug auch noch Äpfel. Auch der Nußbaum war alt geworden, trotzdem trug er noch soviel Nüsse, daß Mariejann zu Weihnachten die guten Nußplätzchen backen konnte. Und für den Winter reichten die Haselnüsse, die an der Hecke am Bach wuchsen. An einem

Abend sagte Jakob: »Ich werde die Haselnußhecke im Frühjahr zurückschneiden müssen, der Pfad zum Bach ist fast zugewachsen«. Dann war es still, bis Jakob wieder anfing: »Weißt du noch?« In solchen ruhigen Stunden zog ihr Leben an ihnen vorbei, das voller Mühen und Sorgen gewesen war, und doch erfüllend, weil die Liebe es getragen hatte.

Matthias arbeitete in einem größeren Dorf an einer neuen Scheune. Er arbeitete mit einem anderen Zimmermann zusammen, so wie es auch schon sein Vater gemacht hatte. Zum Mittagessen brauchte er nicht nach Hause zu gehen, weil die Handwerksleute von den Auftraggebern ihr Essen bekamen, was ihnen aber dann später vom Lohn abgezogen wurde.

Am ersten Mittag, als sie gerade am Tisch saßen, brachte ein Mädchen das Essen in die Stube. Matthias schaute das Mädchen an, und es wurde ihm ganz eigenartig, er mußte sie immerzu ansehen. Dem Mädchen ging es nicht anders. Es war Elisabeth, die Tochter des Bauern. In der Folgezeit, in der Matthias dort arbeitete, suchte er immer wieder eine Gelegenheit, um sich mit Elisabeth zu unterhalten. Nachdem die Scheune fertig war, mußte Matthias einen anderen Auftrag im Dorf erledigen, so konnte er noch oft mit Elisabeth sprechen. Später besuchte er sie sonntags. Das zog sich ein Jahr hin. Die beiden

mochten sich und verstanden sich gut. Elisabeths Eltern hatten nichts gegen Matthias einzuwenden, denn er war als fleißiger, gewissenhafter Handwerker bekannt.
An einem Sonntag Anfang Juni brachte Matthias Elisabeth mit in die Mühle. Mariejann hatte Kuchen gebacken und den Tisch draußen gedeckt. Es war windstill und warm. Mariejann hatte ihre weiße Sonntagsschürze über das Kleid gezogen. Sie war aufgeregt. Würde ihr Ältester nun bald heiraten? dachte sie.
Elisabeth gefiel Matthias' Eltern sofort, sie machte einen guten Eindruck. Nachdem sie gemütlich Kaffee getrunken hatten, zeigte Matthias Elisabeth die Mühle. Sie staunte über die schönen Schränke und Truhen und noch mehr darüber, daß Jakob und sein Vater alle selbst angefertigt hatten. »Wenn sie dir so gut gefallen, dann werde ich dir im nächsten Winter auch eine Truhe oder einen Schrank bauen«, versprach Matthias ihr, »vom Vater habe ich alle Kenntnisse erlernt.«
Beim Abschied bedankte sich Elisabeth für den Kuchen und bat um das Rezept.
»Das kann dir Matthias gern mal mitbringen«, sagte Mariejann und fügte hinzu: »Wenn es dir bei uns gefallen hat, besuch uns doch öfter. Wir würden uns sehr darüber freuen. Bald kommt auch Magdalena wieder nach Hause, ich glaube, ihr würdet euch gut verstehen.«

Auf der Heimfahrt sagte Elisabeth zu Matthias: »Es war schön bei euch, es hat mir sehr gut gefallen in der Mühle. Du hast wunderbare Eltern, aber für immer könnte ich nicht dort leben, das wäre mir zu einsam.«
»Das brauchen wir ja auch nicht, weil doch Anton in der Mühle bleibt. Aber mir wird es schon sehr schwer fallen, meine kleine Mühle zu verlassen.«
»Dann werden wir, so oft es geht, in dein geliebtes Bachtal fahren«, meinte Elisabeth.
Auch Mariejann und Jakob unterhielten sich am Abend über den Besuch. Matthias hatte eine sehr gute Wahl getroffen, davon waren sie beide überzeugt, und sie waren sehr froh darüber.

Anton hatte es nicht eilig, sich für ein Mädchen zu entscheiden. »Das hat noch Zeit«, sagte er seiner Mutter, wenn die mal fragte. »Ich bin doch bestens versorgt«, meinte er dann scherzend zu ihr, »mir kann es gar nicht besser gehen. Ich hoffe, daß ihr beide noch lange gesund bleibt, so wird es uns an nichts fehlen.«
»Aber wir möchten doch noch erleben, daß hier Enkelkinder herumtollen«, gab Vater zur Antwort.
Anton machte noch immer gern seine Spaziergänge durchs Tal oder den Wald. Und er brachte die abenteuerlichsten Dinge, die er draußen in der Natur fand, mit nach Hause, genau wie damals als kleiner Junge. In der Werkstatt hatte er eigens dafür Borde

an der Wand angebracht, die waren vollgestapelt mit all seinen Schätzen – Steinen, Wurzeln, knorrigen Ästen und anderem mehr. Oft stand Anton davor und freute sich über seine kleinen Schätze. »Du wirst sehen, eines Tages finde ich noch etwas ganz Besonderes«, sagte er zu seinem Vater, wenn dieser über ein seltsames Fundstück den Kopf schüttelte.

Einige Zeit später, als Anton wieder einmal gedankenversunken durch den Wald ging, sah er durch die Bäume etwas Helles leuchten. Er blieb wie gebannt stehen. Da merkte er, daß das Helle blonde Haare waren, die in der Sonne wie Gold leuchteten und ein lachendes Mädchengesicht umrahmten. Das Mädchen kam näher und fragte schelmisch: »Was ist, soll ich Wegezoll bezahlen, ehe ich weiter kann?«

»Nein, keineswegs«, antwortete Anton, »aber ich war überrascht, daß mir hier im Wald etwas so Schönes begegnen würde. Damit habe ich nicht gerechnet.«

Sie plauderten eine Weile fröhlich miteinander, dann sagte das Mädchen: »Ich muß weiter, ich besuche meine Großeltern auf der anderen Seite des Tales, deshalb wollte ich die Abkürzung hier nehmen.«

»Das ist gut«, meinte Anton, »dann kann ich dich noch ein Stück begleiten, bis es zur Vogtsmühle abgeht. Dort wohne ich nämlich, und übrigens, ich bin der Anton.«

»Und ich heiße Veronika«, sagte das Mädchen. Unter Scherzen und Lachen gelangten sie bis zur Weggabelung. Dort angekommen, hatte Anton schon erfahren, daß die Großmutter etwas kränkelte, und daß Veronika für einige Wochen bei ihr bleiben würde, um sie zu versorgen. Sie machten aus, daß Anton dort hinkommen solle.

Von nun an besuchte Anton Veronika sooft er konnte. Zu Hause war er noch fröhlicher als sonst. Das fiel den Eltern auf, doch sie sagten nichts, bis Anton sie eines Tages fragte: »Darf ich Veronika einmal mit in die Mühle bringen?« Und er erzählte ihnen, wie er sie kennengelernt hatte. Zum Vater sagte er vergnügt: »Ich hab dir doch schon immer gesagt, daß ich eines Tages noch etwas ganz Besonderes im Wald finden werde.«

»Ja, mein Junge, ich wünsche es dir von ganzem Herzen. Bring sie mal mit.«

Am Sonntag darauf holte Anton Veronika mit der Kutsche ab.

Mariejann hatte wieder einen schönen Kuchen gebacken. Diesmal einen Hefekuchen mit Rosinen in der schönen runden hohen Backform, und er war ihr, wie immer, gut gelungen.

Die Eltern lernten Veronika als ein fröhliches Mädchen kennen. Das würde sicher zu ihrem Anton passen, dachten sie. Doch es war noch sehr jung, und sie wußten, daß sicher noch einige Jahre vergehen müßten, bis die beiden heiraten würden. »Siehst du, Mariejann«, sagte Jakob am Abend, »nun haben wir doch noch Aussichten auf Enkelkinder.«

Es war im März. Am Bach blühten die ersten Weidenkätzchen. Die Amsel sang unermüdlich ihr Lied. Jakob besah sich gerade den Gartenzaun, an dem der Winter einige Pfähle krummgedrückt hatte. Da kam ein Fremder. Er trug einen Lodenumhang und hatte den Hut tief ins Gesicht gezogen. Er grüßte und fragte: »Bin ich hier richtig beim Vogts Jakob?«
»Ja, der bin ich«, entgegnete Jakob und fragte nach seinem Begehren. »Doch komm ins Haus, da läßt es sich besser reden.« Die beiden sprachen längere Zeit miteinander. Dann verließ der Fremde das Haus, und Jakob ging zu Mariejann in die Küche und erzählte ihr von dem Besuch: »Er hat mir ein Schreiben der Gemeinde gezeigt, in dem steht, daß er oben am Waldhang, dort, wo die Weißdornhecken stehen, für längere Zeit ein kleines Stück Wiesenland gepachtet hat, um sich darauf eine Hütte zu bauen. Man hat ihn zu mir geschickt, damit ich ihm beim Bauen helfe. Anscheinend besitzt er auch genügend Geld, so daß er mir die Arbeit bezahlen kann. Woher er kommt, und warum er sich ausgerechnet dort oben ansiedeln will, das habe ich ihn nicht gefragt.«
»Und wovon will er leben?« fragte Mariejann.
»Ich weiß es nicht, er will noch einen kleinen Ziegenstall und einen Hühnerstall dazubauen und außerdem noch einen Garten anlegen.«
»Mir soll's recht sein«, meinte Mariejann.
Eine Woche später kam der Fremde wieder und holte Jakob ab. Nach einigen Tagen Arbeit war die Hüt-

te fertig. Im Lauf des Sommers kamen noch ein Ziegenstall und ein Schuppen dazu. Ein Stück Wiese wurde eingezäunt, auf der zwei Ziegen grasten. Dazu kamen noch ein paar Hühner und ein Hahn. Sein munteres Kikeriki war am frühen Morgen bis zur Vogtsmühle zu hören.
Das Stückchen Land hatte sich der Fremde ganz genau ausgesucht. Es war ein Südhang, der gegen Westen und Norden durch Hecken und den Wald abgeschirmt war. Mit den Leuten wollte er wenig Kontakt, nur ab und zu ging er ins Dorf in den Krämerladen, wo er das Nötigste zum Leben besorgte. In der Vogtsmühle kaufte er sein Brot und manchmal ein Säckchen Kartoffeln. Er hatte sich ein Wägelchen gebaut, mit dem er einiges transportieren konnte. So zum Beispiel auch Kleinholz aus dem Wald. Außerdem hatte er von der Gemeinde die Genehmigung, das Gras auf den Waldwegen zu mähen. Das schaffte er mit dem Wägelchen nach Hause, trocknete es auf der Wiese vor der Hütte, damit er im Winter Heu für seine Ziegen hatte. Wasser holte er sich aus dem Bach und trug es mit dem Tragholz, an dem zwei Eimer hingen, nach Hause.

Als Jakob im Herbst an der Hütte vorbeikam, hörte er lautes Hämmern. Er ging nachsehen, was der Fremde baute. Er schaute in den Schuppen hinein, aus dem das Hämmern kam und war überrascht. In der einen Ecke des Schuppens hatte sich der Fremde eine kleine Werkstatt eingerichtet. Das Heu für die Ziegen hatte er an den Wänden gelagert, so daß es gleichzeitig als Wärmeschutz im Winter dienen konnte.

Der Fremde erzählte Jakob, daß er Eggen aus Holz und Pflugschlitten herstellen wolle, die man für die Bestellung der Felder braucht. Früher habe er Stellmacher gelernt.

»Das ist gut«, sagte Jakob und bestellte gleich eine neue Egge, »unsere alte Egge hat wirklich ausgedient.«

»Diese hier ist bald fertig, die kannst du dann haben. Du kannst mir Stroh dafür geben. Das brauche ich für die Ziegen im Winter«, sagte der Fremde.

»Stroh kannst du von uns bekommen. Wir haben dieses Jahr genug davon. Das Korn stand gut im Halm. Die Egge aber bezahl ich dir.«

Von da an kam der Fremde öfter auf ein Stündchen in die Vogtsmühle. Er blieb zwar wortkarg, aber er fühlte sich dort wohl, und eines Tages sagte er: »Ich heiße Michael. Ihr könnt mich aber Michel nennen, so haben mich alle zu Hause gerufen, außer meiner Mutter. Die hat mich immer Michael genannt.« Dann schwieg er wieder.

Jakob und Mariejann freuten sich, daß er langsam Vertrauen zu ihnen fand, und Mariejann lud ihn schon mal zu Kaffee und Kuchen ein, wenn sie samstags gebacken hatte. Auch Anton besuchte Michael öfter in seiner Hütte. »Anscheinend ist er viel

in der Welt herumgekommen, er weiß über so vieles Bescheid«, erzählte er seinen Eltern, »aber wo er herkommt, davon spricht er nie.«
»Eines Tages wird er wohl auch darüber reden«, entgegnete Jakob, »sicher hat er Schweres erlebt. Laß ihm Zeit.«
Die Leute im Dorf nannten ihn den Einsiedler, und die Menschen gewöhnten sich an ihn.

Als sich Matthias und Elisabeth zwei Jahre kannten, beschlossen sie zu heiraten. Die Hochzeit wurde in Elisabeths Elternhaus gefeiert, und man lud die ganze Verwandtschaft, Nachbarn und Freunde ein, so daß eine große Hochzeitsgesellschaft zusammenkam.
Matthias fiel der Abschied von seiner geliebten Mühle und dem Bachtal sehr schwer. Auch seine Eltern litten darunter, obwohl sie sich freuten, daß er eine gute Frau gefunden hatte. Elisabeths Eltern hatten Mariejann und Jakob vor der Hochzeit eingeladen, damit sie Matthias' zukünftige Heimat kennenlernen konnten. Sie wurden herzlich willkommen geheißen. Das Haus, in dem Matthias mit Elisabeth wohnen würde, war größer und geräumiger als die Mühle. An der Wand im großen, breiten Flur hing ein Bild, das ein Haus mit Scheune und Stall, einen Baum, vom Sturm gebogen, einen dunklen Himmel mit Regen und einen großen Blitz zeigte. Darunter stand:

»Haussegen

Dies Haus ist Dein, und doch nicht Dein,
es wird auch nicht dem Nächsten sein,
der dritte bleibet auch nicht drinn,
der vierte gehet auch von hinn.

So schütze Gott stets dieses Haus
vor Blitz und schlimmer Feuersbraus,
und alle, die da wohnen drinn,
geleit sie einst zum Himmel hinn.«

Als Jakob und Mariejann zum ersten Mal in Elisabeths Elternhaus kamen, blieben sie ganz ergriffen vor dem Bild stehen.

»Weißt du noch«, sagte Mariejann, »der erste Tag in der Mühle«, und Jakob nahm unwillkürlich ihre Hand, als wollte er sie schützen, so wie damals in der Stube, als Mutter Magdalena die Wetterkerze angezündet hatte und Vater Matthias auf den Speicher gegangen war, um ein Sträußchen aus dem Kräuterwisch zu holen, das er dann im Ofen verbrannte, weil so ein furchtbares Unwetter tobte. Nein, sie hatten es nicht vergessen.

Matthias, der die Geschichte von seinen Eltern kannte, erzählte sie Elisabeth, als er das Bild zum ersten Mal sah. Sicher würden sie später ihren Kindern auch diese Geschichte erzählen, denn an den langen Winterabenden wurde vieles weitergegeben und so überliefert.

Elisabeth führte Mariejann und Jakob durch ihr Elternhaus. Zuerst in die gute Stube. Da stand ein gußeiserner Schrankofen und an der Seite ein großer Eßtisch mit einer Bank und Stühlen. In die Wand war ein Schrank eingebaut, in dem das gute Porzellan aufbewahrt wurde. Elisabeths Mutter, die dazugekommen war, zeigte stolz einige wertvolle Stücke, die sie zu ihrer Hochzeit bekommen hatte. Im Schrank wurden auch die Flaschen mit dem selbstgebrannten Obstschnaps aufbewahrt, der bei besonderen Gelegenheiten getrunken wurde. An diesem Tag nahm Elisabeths Vater eine Flasche heraus, und sie tranken auf das Wohl der Kinder. In der einen Stubenecke hatte man ziemlich hoch oben ein kleines Eckbord, das »Eckedillche« eingebaut, das vorn halbkreisförmig gearbeitet war. Darauf standen eine Gottesmutter und zwei Schutzengel aus Porzellan. Das Brettchen war mit gehäkelter Spitze geschmückt. Die Pendeluhr an der Wand war ein altes Erbstück. Elisabeths Vater kümmerte sich darum, daß sie immer gleichmäßig ging, und konnte sie sogar reparieren.
Von der Wohnstube führte eine Tür in eine Kammer. Hier stand der große Webstuhl von Elisabeth. Sie war sehr geschickt im Weben und fertigte alles Tuch für den Haushalt selbst an. Sie schneiderte und nähte alles mit der Hand. Ihre Mutter, die früher einmal Näherin gewesen war, hatte sie alles gelehrt. Sie sagte: »Alles was Elisabeth anfaßt, gelingt ihr. Sie hat großes Talent.«

In der geräumigen Küche stand ein Herd mit dem Ofenmäuerchen, auf das man die irdenen Krüge mit der Milch stellen konnte, wenn aus der Milch Dickmilch werden sollte, oder man legte die selbstgemachten kleinen runden Käselaibchen auf diesen Mauervorsprung. Über dem Herd befand sich der große offene Kamin, in dem das Fleisch geräuchert wurde. Mit einer Leiter, die man über oder neben den Herd stellte, gelangte man in diesen Kamin, der dort eine große Ausbuchtung hatte, fast so groß wie die Hälfte eines kleinen Zimmerchens. Man konnte dort stehen und das Fleisch mit den Haken an die langen Eisenstangen hängen, die in der Kaminwand befestigt waren.
An der einen Küchenwand war ein großes Tellerbord angebracht. Die Pfannen und Töpfe hingen an der Wand oder standen auf einem Regal. Der Fußboden war mit glatten Bruchsteinen ausgelegt.
Vom Hausflur führte eine Treppe hoch in den ersten Stock. Dort befanden sich die Schlafkammern und die Kleiderkammer. In einem Schrank hingen die guten Kleider. An der anderen Wand befand sich ein langes Brett mit Holzhaken, an die man die Arbeitskleidung hängte.
Elisabeths Vater zeigte stolz den Stall und die Scheune. Der Viehbestand war größer als in der Vogtsmühle. Auch hier herrschte überall Ordnung. Das einzige, was Matthias fehlte, war eine kleine Werkstatt, die wollte er sich noch bauen. Platz dafür war ja vorhanden.

Nach dem Rundgang saßen die Familien gemeinsam in der Stube, sprachen über dies und das und ließen sich Kaffee und Kuchen schmecken.
Am Abend, als sie heimfuhren, sagte Mariejann: »Wenn nur der Herrgott seinen Segen gibt, so brauchen wir uns über die beiden keine Sorgen zu machen.«

In der Vogtsmühle ging alles seinen gewohnten Gang. Magdalena war fleißig und half der Mutter. Seit einiger Zeit kam Theodor aus einer Nachbarsmühle zu Besuch. Jakob und Mariejann wußten, daß er wegen Magdalena kam. So ist das im Leben, dachten sie, kaum hat man die Kinder großgezogen, kommen andere und holen sie weg. Aber sie nahmen an, daß sich die beiden noch Zeit lassen würden.

Ein Jahr später, eines Sonntagnachmittags, sagte Magdalena: »Theodor will auch zum Kaffee kommen.« Die Eltern schauten sich an, fragten aber nicht weiter. Danach, als alle zusammensaßen, sagte Theodor: »Wir möchten im Herbst heiraten. Wir haben uns gedacht, daß Anton bis dahin auch geheiratet hat, sonst warten wir noch bis nächstes Jahr. Es ist nur, weil Mutter in letzter Zeit so kränkelt.«
Mariejann erschrak. Schon so bald sollte sie Magdalena hergeben? dachte sie. Doch Jakob sagte: »Also in Gottes Namen. Wir wollen hoffen, daß Anton bis

dahin geheiratet hat und eine junge Frau hier eingezogen ist, damit Mutter jemand hat, der ihr hilft.«
Aber das Schicksal schreibt selbst seine Zeilen in das Buch des Lebens. Schon vier Wochen später starb unerwartet Theodors Mutter, und nach acht Wochen hielten die beiden stille Hochzeit.
Einige Zeit darauf sprach Jakob mit Anton: »Wie wär's, wenn ihr beide nun auch ans Heiraten denken würdet? Mutter wäre sicher froh, wenn sie Hilfe bekäme.«
»Ich werde mit Veronika sprechen«, sagte Anton. Aber Veronika wollte noch nicht heiraten.
So mußten sich Jakob und Mariejann weiter alleine um ihre Arbeit kümmern. Anton unterstützte sie, so gut er konnte, und Magdalena kam häufig, um der Mutter zu helfen. Aber dann erwartete sie ein Kind, und es wurden gleich Zwillinge, zwei kräftige Jungen, Peter und Paul. Theodor und sein Vater waren glücklich. Auch in der Vogtsmühle freute man sich über die zwei gesunden Kinder.
»Siehst du«, sagte Jakob zu Mariejann, »vielleicht schaukeln wir im nächsten Jahr auch die Kinderwiege.«
Theodor und sein Vater achteten sehr darauf, daß Magdalena sich nur um die Kinder und den Haushalt kümmerte, alles andere schafften sie alleine.

Und wieder zog ein Jahr ins Land. Elisabeth und Matthias bekamen einen gesunden Jungen, sie tauf-

ten ihn Peter, nach Elisabeths Vater, und Matthias sagte lachend, so wie sein Großvater bei seiner Geburt: »Es wird wieder ein Zimmermann.« Er kam am zweiten März zur Welt und wurde schon zwei Tage später getauft. Die ganze Familie war hierzu eingeladen: Mariejann, Jakob, Anton, Veronika, Magdalena und Theodor mit den Zwillingen sowie die Geschwister von Elisabeth. Während alle beim Kaffee in der Stube saßen, sagte Matthias fröhlich: »So, lieber Anton, jetzt wärst eigentlich du an der Reihe.«
Aber dieser erwiderte lachend: »Erst mal die Hochzeit, lieber Bruder.«

Den ganzen März über war es noch winterlich kalt, dafür wurde es im April schön warm, und alles fing an zu blühen.
Anton reparierte den Gartenzaun, damit die Hühner nicht durchschlüpfen konnten.
Jakob schaute ihm eine Weile zu und sagte dann: »Mutter ist nicht mehr so gut dran, es wäre gut, wenn sie bald Hilfe bekäme.«
»Ich habe es längst gemerkt«, erwiderte Anton, »ich werde noch einmal mit Veronika darüber sprechen. Sie ist wieder für ein paar Wochen bei ihren Großeltern, da kann ich ja mal mitten in der Woche hingehen. Am besten gleich heut abend.«
Es war ein herrlicher Frühlingstag, fast so warm wie im Sommer, und so machte sich Anton am Abend

auf den Weg. Frohgelaunt kam er am Haus von Veronikas Großeltern an. Wie würde sie sich freuen, dachte er, wenn er ganz unverhofft zu ihr kommen würde. Er wollte durch die hintere Tür ins Haus gehen, da würde sie ihn nicht kommen sehen. Er stellte sich schon vor, wie sie ihn jubelnd umarmen würde. Er ging durch den Garten an der Laube vorbei, die dort stand.

Aber was war das? Stimmen in der Laube. Er blieb stehen und konnte ganz deutlich ein Lachen hören. Leise ging er näher und schaute durch das kleine Fenster. Und was er dort sah, raubte ihm fast den Verstand. Seine Veronika lag in den Armen eines anderen. Er sprang in die Laube, packte den Kerl, erkannte, daß es Julius war, der lieber faulenzte als zu arbeiten, schüttelte ihn, verdrosch ihn und warf ihn in den Garten. Julius kam gar nicht dazu, sich zu wehren. Dann schrie Anton Veronika an: »Du scheinheiliges Weib. Geh, hol dir deinen armen Taugenichts und werde glücklich mit ihm,« drehte sich um und ging.

Veronika lief ihm nach und rief: »So komm doch zurück, laß uns miteinander reden.«

Anton blieb stehen, schaute sich um und schrie: »Dich will ich nie wieder sehen, hörst du, nie, nie wieder! Und so eine hätte ich beinah zu meiner Frau gemacht und zur Mutter meiner Kinder.« Er rannte den Berg hinunter. Für ihn war eine Welt zusammengebrochen.

Am Morgen darauf war das Entsetzen in der Vogtsmühle groß. Da würde Anton lange drunter leiden, das wußten die Eltern. So plagten sie sich weiter allein und versuchten mit all ihrer Liebe, ihrem Sohn zu helfen.
Anton sang nicht mehr und pfiff nicht mehr. Er stürzte sich in die Arbeit oder saß am Bach und schaute ins Wasser, wie er es als Kind getan hatte. Seine Mundharmonika lag in seiner Kommode.
Oft ging Anton zu Michel, der noch immer wie ein Einsiedler in seiner Hütte am Hang lebte. Dann saßen die beiden auf der Bank, redeten nicht viel, aber Anton spürte das große Verständnis, das Michel ihm entgegenbrachte. Eines Tages sagte MIchel: »Anton, hör mir mal zu, ich will dir etwas erzählen. Ich weiß, daß ihr euch alle wundert, warum ich zum Einsiedler geworden bin. Dir will ich es erzählen, vielleicht kann ich dir damit helfen. Es ist schon lange her, da war auch ich einmal ein junger fröhlicher Bursche wie du. Ich hab bei meinen Eltern gelebt und von meinem Vater das Stellmacherhandwerk gelernt. Mein Vater war sehr tüchtig und hatte es durch seinen Fleiß und seine Sparsamkeit zu einem kleinen Wohlstand gebracht. Er kaufte sich nach und nach Felder, und meine liebe Mutter schaffte und sorgte und hielt alles zusammen. Wir waren glücklich und zufrieden dabei. Nur eines warf einen Schatten auf alles, und das war mein Bruder Lorenz. Er hat nie arbeiten wollen und den ganzen Tag gefaulenzt. Bei aller Liebe und Ge-

duld und auch Strenge meiner Eltern: Nichts hat geholfen. Der Lorenz schikanierte auch mich, wo er nur konnte. Das hat auch nicht aufgehört, als er aus der Schule entlassen wurde und in der Werkstatt mitgearbeitet hat. Vater hatte beschlossen daß ich seine Werkstatt einmal weiterführen sollte. Er hatte soviel Geld gespart, daß mein Bruder sich irgendwo hätte selbständig machen oder irgendwo hätte einheiraten können. Wir hofften, daß das eine gute Lösung wäre.
Ich hab damals ein Mädchen geliebt, sie hieß Luise. Sie war nicht nur schön, sondern auch von Herzen gut. Wir liebten uns und wünschten uns, daß wir eines Tages gemeinsam durchs Leben gehen könnten. Doch erst sollte ich noch als Geselle auf die Walz, damit ich dann meinen Meister machen könnte. Ich hab gedacht, das wäre richtig, und Vater hat das auch gut gefunden. Wir haben uns verabschiedet und meine Luise hat mir versprochen, auf mich zu warten. ›Ich bin ja erst achtzehn‹, hat sie gesagt, ›drei Jahre sind bald vorbei, und dann werden wir heiraten. Leb wohl, mein Michel.‹
Meine Eltern ließen mich nur ungern ziehen, aber sie wußten, daß sie sich auf mich verlassen konnten und daß ich in der Fremde viel lernen würde. So bin ich also losgezogen, mit noch einem anderen Gesellen. Es war so, wie Vater es gesagt hatte: Wir haben viel Neues gelernt. Die Wanderjahre haben viel Erfahrung gebracht. Aber eines Tages sind wir in die Heimat zurückgekehrt. Voll Freude hab ich zu Hause

angeklopft, bin in die Stube getreten und vor Schreck stehen geblieben. Mein Vater sitzt im Lehnstuhl, gebeugt, ein alter Mann, und in der Stube steht eine Wiege, in der ein Kind schläft. Ehe ich noch fragen kann, geht die Tür auf, und herein kommt meine Luise. Als sie mich sieht, schreit sie laut auf, fängt an zu weinen und läuft hinaus. Ich schaue meinen Vater an, der nickt.

›Wo ist Mutter?‹ fragte ich.

›Deine Mutter lebt nicht mehr.‹

›Und der Vater von dem Kind?‹ Noch ehe Vater antworten kann, kommt er herein. Es ist mein Bruder. ›Da staunst du‹, sagt er höhnisch, ›das Kind ist von Luise und mir.‹

Ich wollte schreien, wollte mich auf ihn stürzen, doch ich war wie gelähmt. Ich hab gesehen, wie Vater die Tränen über den stoppligen Bart gelaufen sind. Da bin ich zu ihm und hab ihn in den Arm genommen. ›Weine nicht mehr‹, hab ich gesagt, ›und mach dir keine Sorgen um mich, ich werde schon irgendwo eine neue Heimat finden. Bleib gesund, irgendwann komme ich wieder, erst muß ich zu mir selber finden. Leb wohl.‹ Ich hab den Weg am Garten genommen, der durch die Wiesen führt, um nicht durchs Dorf zu müssen. Da stand Luise hinter dem Garten. Ich wollte schnell an ihr vorbei, doch sie hat mich am Arm festgehalten und gesagt: ›Geh nicht fort, bis du mich angehört hast. Glaub mir, Michel, ich bin dir treu geblieben, ich liebe nur dich. Doch dein Bruder hat mir immer nachgestellt. Sooft ich ihm auch gesagt hab, daß seine Mühen vergeblich wären und daß ich auf dich warte, er hat mich ausgelacht und höhnisch gesagt: ›Ich krieg dich doch.‹ Und eines Abends, ich war bei einer Freundin gewesen und hatte die Abkürzung durchs Wiesental genommen, um schneller zu Hause zu sein, ist er auf mich zu gesprungen, hat mich gepackt und mir Gewalt angetan. Er hat mir den Mund zugehalten, so daß ich nicht schreien konnte. Ich war verzweifelt und habe mich nach Hause geschleppt. Meinen Eltern hab ich nichts gesagt, erst viel später, als ich merkte, daß ich ein Kind kriege. Sie sind mit mir zu deinen Eltern gegangen, die ganz entsetzt waren. Damit aber alles seine Ordnung haben sollte, wurde beschlossen, daß wir bald heiraten sollten. Mir war alles gleich, für mich war eine Welt zusammengebrochen. Dein Vater hat uns das Haus gegeben, das Land aber sollte dein Eigentum bleiben, wir sollten es nur bebauen. Auch alles Geld, das dein Vater gespart hatte, hat er für dich verwahrt. Deine Eltern waren gut zu mir. Deine Mutter hat viel geweint, und immer öfter hab ich sie sagen hören: Mein armer Michel, was soll werden, wenn er zurückkommt. Sie konnte das alles nicht richtig verkraften und ist gestorben, noch ehe das Kind geboren wurde. Nun mußte ich deinem Vater eine Stütze sein, den auch aller Lebensmut verlassen hatte. Meine einzige Freude ist mein Kind, aber ich bin an einen ungeliebten Mann gebunden.‹

›Arme Luise‹, hab ich gesagt, ›was mußt du gelitten haben.‹ Also mein eigener Bruder hat mir das Liebste gestohlen. Verzweifelt hat sie sich an mich gelehnt und gesagt: ›Ach Michel, nimm mich und das Kind mit.‹

›Luise, das geht nicht, bleib tapfer wegen dem Kind, und Vater braucht dich auch. Leb wohl, ich werde dich immer lieben.‹

Ich hab ihr verzweifeltes Weinen gehört, doch für mich hat es kein Zurück gegeben. Am Grab meiner Mutter hab ich meinen Tränen freien Lauf gelassen, und dann bin ich ziellos durch die Fremde gezogen. Eine Zeitlang bin ich zur See gefahren, aber das war nichts für mich. Ich war da und dort, aber Ruhe hab ich nirgendwo gefunden. Und eines Tages hab ich mich an dieses Fleckchen Erde erinnert. Wir waren auf der Wanderschaft hier vorbeigekommen und hatten im Scherz gesagt: ›Hier könnte man eine Hütte bauen.‹

Einmal noch bin ich zu Hause gewesen und habe Luise allein angetroffen. Das Kind war schon fünf Jahre alt, es war das Ebenbild von Luise, hatte die gleichen braunen Haare und die dunklen Augen. ›Er heißt Fridolin‹, hat sie gesagt, ›so wie der Wandergeselle, der damals mit dir auf die Walz gegangen ist, und er macht mir viel Freude. Im stillen denke ich oft, es ist dein Kind. Ich bin ruhiger geworden, und das Leben ist erträglicher. Ich werde Lorenz nie lieben können, aber es ist doch einigermaßen ein Nebeneinander.‹ ›Und Vater?‹ hab ich gefragt. ›Er ist gestorben. Er war sehr gut zu mir und hatte an dem Kind viel Freude.‹ Dann ist sie in seine Kammer gegangen und mit einem Beutel wieder gekommen, der mit Talern gefüllt war. ›Das soll ich dir geben, wenn du wiederkommst, hat er gesagt.‹ ›Armer guter Vater, hab ich gesagt, du kannst ja nichts dafür.‹ Dann hab ich wieder Abschied von Luise genommen, diesmal war es nicht so schwer, aber vergessen werde ich sie nie, das wußte ich. Und eines Tages bin ich hierher gekommen.

Anton hatte schweigend zugehört, und fragte dann: »Und jetzt? Hast du vergessen?«

»Vergessen wird man so etwas wohl nie, aber ich habe Ruhe gefunden. Hier ist alles friedlich. Hier werde ich bleiben bis zu meinem Ende.«

Anton ging nachdenklich nach Hause und fragte sich, ob er je vergessen würde.

Die Zeit läuft weiter. Bei Matthias und auch bei Magdalena kamen Mädchen auf die Welt. Voll Wehmut dachte Mariejann, daß in der Mühle keine fröhlichen Kinderstimmen zu hören waren. Sie und Jakob machten sich große Sorgen um Anton, er wurde immer schweigsamer und zog sich ganz zurück, doch sie hofften immer noch, daß er die Kränkung überwinden würde.

Und dann lag eines Tages frühmorgens ein Brief auf

dem Tisch. Jakob nahm ihn und las. Dann schrie er laut auf und weinte, wie Mariejann ihn noch nie hatte weinen hören, auch nicht beim Tod seiner Eltern. Mit traurigen Augen schaute er sie an und sagte: »Mariejann, das Mühlrad wird sich nie mehr drehn.«
Dann las auch sie den Brief:
»Meine lieben Eltern«, stand da, *»ich kann nicht mehr in diesem Tal leben, wo mich alles an mein Glück erinnert. Ich gehe nach Amerika. Macht euch keine Gedanken um mich. Sobald ich drüben bin, schreibe ich euch. Eines Tages werde ich zurückkommen. Bleibt gesund.*
Euer dankbarer Anton.«
Mariejann starrte auf den Brief. Sie konnte es nicht fassen. Gleich würde sie seine Schritte hören. Gleich würde er in die Stube treten. Ihr Anton, für immer in Amerika? Sie stand auf und ging in seine Kammer. Er hatte nur wenig eingepackt. Dann zog sie die Schublade der Kommode auf. Die Mundharmonika war fort. Erst jetzt glaubte sie die schreckliche Nachricht. Sie ließ sich aufs Bett fallen und weinte bitterlich.
So fand sie Jakob. »Komm, steh auf, Mariejann, wir müssen es gemeinsam tragen«, sagte er. »Ich gehe zum Michel und will ihn fragen, ob er etwas gewußt hat.« Aber er kam zurück und schüttelte den Kopf. »Er war genauso bestürzt wie wir.«
Die Geschwister Matthias und Magdalena mochten es auch nicht glauben, daß ihr Bruder sie verlassen hatte. Magdalena versuchte die Eltern zu trösten:

»Bleibt ihr mal gesund. Wie schnell sind unsere Buben groß, und einer wird dann in die Mühle kommen. Dann geht alles weiter.« Aber im stillen glaubte sie selber nicht daran, daß die Eltern so lange aushalten würden.
Matthias versuchte herauszufinden, wer Anton zu diesem Schritt überredet hatte und wer noch mit ihm gegangen war. Aber das würde wohl auch nichts bringen dachte er nach einer Weile, denn es war ja sicher Antons eigener Entschluß gewesen, und es würde auch nichts mehr an der Tatsache ändern, daß er weg war. Tag für Tag wartete die Familie auf eine Nachricht von Anton, aber es kam kein Lebenszeichen.
Eines Tages, als Matthias bei den Eltern in der Mühle war, baten sie ihn, wieder zurückzukommen. Sie meinten, Elisabeths Schwester könnte ja ins Elternhaus ziehen. Matthias hätte es getan, aber Elisabeth sagte, sie könne nicht in der Mühle leben.
So arbeiteten die Eltern, soviel sie vermochten, immer in der Hoffnung, Anton würde sich irgendwann melden. Matthias erledigte häufig die schwersten Arbeiten. Auch Magdalena und Theodor halfen oft. Die Kinder tummelten sich dann in der Mühle oder draußen am Bach, und die Großeltern waren für einige Stunden glücklich und dachten: Wie schön könnte es sein, wenn es so bliebe. Und immer wieder hatten sie die Hoffnung, daß Anton sich melden würde.

Zwei Jahre waren schon ins Land gegangen, seitdem Anton fort war, und die Eltern wußten, daß das Warten vergebens sein würde, denn er würde nie wieder nach Hause kommen.
Jakob wurde krank, und Mariejann pflegte ihn. Magdalena half der Mutter im Haus, und Theodor versorgte die Kinder.
Mariejann stand manchmal in der Stube vor dem Hochzeitsbild, das dort seinen Ehrenplatz hatte und weinte ganz bitterlich, denn sie wußte, daß nun auch Jakob bald von ihr gehen würde. Sie pflegte ihn mit Hingabe, aber er hatte nicht mehr den Willen, gesund zu werden. Nach einigen Wochen starb er.
Magdalena nahm die Mutter zu sich. Aber trotz der Liebe, die alle ihr entgegenbrachten, starb sie nach wenigen Wochen an Heimweh nach ihrem Jakob, nach Anton und der Mühle.

Einige Wochen später fingen Matthias und Magdalena an, die Mühle auszuräumen. Es fiel ihnen unsagbar schwer, doch es gab keine anderen Möglichkeit. Dabei dachte Matthias an das Buch, in das sein Vater geschrieben hatte, aber er fand es nicht mehr. Alles Suchen war vergebens, es blieb verschwunden. Da kam ihm ein Gedanke: Bestimmt hatte Anton es eingepackt, als Erinnerung an seinen Vater und an zu Hause. Es war gut, daß Matthias oft darin gelesen hatte, so konnte er das meiste seinen Kindern erzählen.

Michel, der Einsiedler, half beim Ausräumen und versprach, des öfteren nach der Mühle zu schauen und das Grundstück in Ordnung zu halten.

Elisabeth und Matthias hatten nun schon vier Kinder, zwei Jungen und zwei Mädchen. Sie hießen Peter, Josef, Anna Maria, die Ammi gerufen wurde, und Margarethe.

Matthias war ein tüchtiger Handwerksmann, mal arbeitete er als Zimmermann, mal als Mühlenbauer. Dazu mußte er in die umliegenden Täler gehen, was oft durch den schlechten Zustand der Wege erschwert wurde. Aber das war schon immer so gewesen, das hatten auch der Vater und Großvater auf sich nehmen müssen. Wenn er bei Dunkelheit noch nicht zu Hause war, machte sich Elisabeth Sorgen. Doch Matthias lachte sie dann aus und meinte: »Ich finde den Weg nach Hause auch im Dunkeln.«

Eines Tages, es war Ende März, wartete Elisabeth voller Ungeduld auf ihn, es war sehr spät geworden. Endlich hörte sie seine Schritte und holte die Suppe aus dem obersten Fach des Schrankofens, wo sie zum Warmhalten gestanden hatte. Doch als die Stubentür aufging, bekam Elisabeth einen solchen Schreck, daß sie fast den Suppentopf hätte fallen lassen. »Matthias, was ist geschehen?«

Er humpelte an einem Stock. Sein Gesicht war dreckverschmiert und blutig.

»Es ist nicht so schlimm, Elisabeth, ich bin nur auf einem steilen Pfad ausgerutscht und ein paar Meter runtergefallen. Dabei habe ich mir den Fuß verknackst. Aber sonst ist noch alles ganz«, versuchte er zu scherzen.
Elisabeth atmete auf und begann, ihn zu versorgen. Sie wusch den Dreck ab, betupfte die Wunden mit Alkohol und besah sich den Fuß, der stark angeschwollen war. Dann machte sie kühle Umschläge um den Fuß. Allmählich bekam Matthias Hunger und aß die Suppe mit großem Appetit.
»Einige Tage bleibst du im Bett, dann sehen wir weiter« ordnete Elisabeth an.
Es wurden doch einige Wochen daraus, bis der Fuß wieder ganz in Ordnung war, aber auch dann konnte Matthias noch nicht in seinem Handwerk arbeiten. Jetzt war es gut, daß sie immer etwas Geld gespart hatten, denn so war auch nun keine Not. Auch Elisabeth war von klein auf gelehrt worden zu sparen. »Denn wo Mangel, da Krangel«, hatte ihre Mutter immer gesagt.
Nach einigen weiteren Wochen konnte Matthias dann wieder wie gewohnt in seinem Handwerk arbeiten.

Eines Abends im Mai, als Matthias von der Arbeit nach Hause kam und Elisabeth im Stall herum werkeln hörte, rief er: »Lissbettchen, komm, mach mir was zu essen. Ich hab Hunger.«

Sie lachte, denn sie wußte, wenn er Lissbettchen sagte, dann wollte er etwas. Erstaunt ging sie zu ihm und meinte: »Hunger, das gibt es doch nicht, ihr bekommt doch tagsüber was zu essen.«
»Ja, so war es auch ausgemacht, aber wie wir heute mittag am Tisch sitzen, ist Trine, die Frau des Bauern hereingekommen und hat eine Schüssel mit Brennesselgemüse auf den Tisch gestellt, was ja auch ganz gut schmeckt. Na, wir haben also auf die Kartoffeln gewartet, das Fleisch oder die Eier. Aber es ist nichts mehr gekommen, und als wir dann die Trine im Garten haben arbeiten sehen, da haben wir gewußt, das Brennesselgemüse sollte unser Mittagessen sein. Da sind wir aufgestanden und an unsere Arbeit gegangen, ohne das Gemüse anzurühren. Koch mir für morgen den Henkelmann. Das Kostgeld bekommen sie auf die Rechnung gesetzt. Ich nehme an, daß der Bauer seiner Trine ordentlich die Leviten lesen wird.«
So muß es auch gewesen sein, denn am folgenden Morgen kam Trine sehr kleinlaut und sammelte die Henkelmänner der Arbeiter ein, um sie für das Mittagessen im Wasserbad zu wärmen.

So passierte allerhand, lustiges und auch weniger lustiges. Im allgemeinen erzählte Matthias nichts von dem, was er bei der Arbeit in den Familien mitbekam. Sein Großvater hatte immer gesagt: »Was ihr in den Familien hört und mitbekommt, das be-

haltet in eurem Kopf und erzählt nichts davon weiter, auch nicht zu Hause. Das wäre ein schlechter Handwerksmann, der alles weitertratschen würde.«
Er selbst hatte es immer so gehalten, der Vater ebenfalls, Matthias hielt es so, und seine Söhne sollten es später auch so halten.

Einige Jahre nach Jakobs und Mariejanns Tod begann die Mühle zu verfallen. Immer noch hatte die Familie im stillen gehofft, daß Anton sich melden würde. Nun mußten Matthias, Magdalena und ihre Familien die Mühle abreißen. Das fiel schwer, sehr schwer, aber was blieb ihnen anderes übrig? Nachdem die Mühle verschwunden war, säten sie Gras dorthin, wo sich einst das Mühlrad gedreht hatte.
Als sie im ersten Jahr danach dort Heu machten, half Michel, der Einsiedler, der noch immer dort lebte, und wendete das Heu, damit es trocken wurde.
Matthias und Elisabeth spannten die Kühe an einen Wagen und fuhren mit den Kindern gegen Mittag zu der Wiese. Die Kühe wurden an einen Baum gebunden, bekamen Heu zum Fressen vorgelegt und konnten sich ausruhen, bis wieder nach Hause gefahren wurde. Matthias und Elisabeth rechten das Heu zu Bahnen zusammen. Danach machten sie eine Pause. Elisabeth packte den Essenskorb aus, und sie setzten sich an den Bach.
Matthias erzählte den Kindern, daß genau hier, wo

sie jetzt saßen, ihr Großvater Jakob und ihre Großmutter Mariejann in der Mühle gelebt hatten, und daß er dort geboren wurde und als Kind an diesem Bach gespielt hatte.
Der Einsiedler gesellte sich zu ihnen und erzählte den Kindern Geschichten von früher und von der großen Welt.
So verging den Kindern der Nachmittag an der Waldwies, wie sie den Platz nun nannten, viel zu schnell.
Matthias und Elisabeth luden das Heu auf den Wagen. Obenauf durften die Kinder mit ihrer Mutter sitzen, während die Kühe den Wagen gemächlich nach Hause zogen.
Das Heu wurde im Winter als Futter für die Kühe gebraucht. Matthias hatte auch Erlaubnisscheine vom Förster, daß er das Gras auf den Waldwegen mähen durfte. Wo man nicht mit den Kühen hinkonnte, mußte das Gras mit einer Sichel geschnitten und dann in der Kiez auf dem Rücken nach Hause getragen werden.

Die Kinder wurden größer und halfen tüchtig bei allen Arbeiten mit. Die Mädchen halfen der Mutter und Großmutter in Haus und Garten, um später gute Hausfrauen zu werden. Ammi interessierte sich schon früh für den Webstuhl und lernte damit umzugehen. Dabei sang sie oft. Ihre Stimme hatte große Ähnlichkeit mit der Stimme von Jakobs Mutter,

Großmutter Magdalena, und Matthias dachte, wie sich doch alles im Leben wiederholt.
Die beiden Jungen, Peter und Josef, waren sehr verschieden. Peter, der Pitter genannt wurde, war das Ebenbild seines Großvaters Jakob, groß und schlank, Josef glich mehr Elisabeth, seiner Mutter, er war kleiner und untersetzter. Die beiden Jungen packten ordentlich mit an. Wenn Großvater Holz spaltete, trugen sie es in den Schuppen und halfen beim Aufstapeln. Wenn der Großvater dabei war, durften sie auch schon dünne Klötze spalten. Pitter aber ging am liebsten mit dem Vater auf den Zimmermannsplatz, wo es viel zu sehen gab. Er durfte auch mit in die Mühlen gehen. Matthias freute sich über Pitter und hoffte, daß er später die Familien-Handwerkstradition fortsetzen würde.

Eines Tages kamen Pitters Lehrer und der Pastor zu Matthias und Elisabeth, um mit ihnen zu reden. Sie lobten Pitter, nannten ihn einen fleißigen und hochbegabten Jungen und baten die Eltern, ihn studieren zu lassen. Matthias überlegte gründlich und sagte dann: »Nein, das Geld für ein Studium können wir nicht aufbringen.« Nach langem Hin und Her waren schließlich der Lehrer und der Pastor bereit, Pitter kostenlos Unterricht zu geben, bis er sechzehn Jahre alt war, dann würde man weitersehen. Matthias und Elisabeth waren damit einverstanden, machten aber zur Bedingung, daß Pitter in der Zwischenzeit auch das Zimmermannshandwerk erlernen sollte. »Er zeigt großes Interesse daran. Später kann er dann immer noch selber entscheiden, ob er studieren will«, meinte Matthias.

So ging Pitter tagsüber mit seinem Vater zur Arbeit und danach bei seinem Lehrer in die Schule. Latein lernte er beim Pastor. Die beiden waren immer wieder überrascht über Pitters Begabung. Der Pastor hoffte im stillen, daß Pitter Priester werden würde. Pitter machte sich darüber noch keine Gedanken, das Lernen machte ihm einfach großen Spaß, aber er arbeitete auch gern mit seinem Vater zusammen als Zimmermann. Er begleitete ihn nach wie vor in die Mühlen und eignete sich auch in diesem Handwerk große Fertigkeiten an.

Manchmal, wenn Matthias und Elisabeth am Abend eine Stunde Zeit hatten, redeten sie von früher, und Matthias' Gedanken schweiften zur Mühle zurück. »Wie würden Vater und Mutter sich freuen, wenn sie sehen könnten, daß nun ihr Enkel auch wieder Zimmermann wird«, sagte er. Elisabeth meinte: »Vielleicht können sie es sehen.«

Als Pitter sechzehn Jahre alt geworden war und sich bald entscheiden sollte, was er in Zukunft machen wollte, geschah das Furchtbare: Matthias verunglückte bei der Arbeit schwer und starb einige Wochen später an den Folgen. Man konnte ihn nicht mehr retten.

Für Elisabeth war es unfaßbar. Nun stand sie mit den Kindern allein da. Was soll nun werden ohne das Geld, das Matthias verdient hat, die Kinder sind ja noch so jung, dachte sie.
Da sagte Pitter: »Mutter, ich bleibe bei dir, du wirst sehen, wir schaffen das, ich habe ja schon viel von Vater gelernt. Ich werde weiterlernen, bis ich ein selbständiger Handwerksmann bin.«
Josef wollte auch Zimmermann werden. Er war zwar nicht so groß und stark wie sein Bruder, aber er hatte den guten Willen, und er würde es schon schaffen, erklärte er.
Elisabeths Eltern waren ja auch noch da und arbeiteten in der Landwirtschaft, damit die Familie zu essen hatte. Ammi kümmerte sich um den Webstuhl, und Margarethe, die Jüngste, half überall mit, wo sie konnte. Für Elisabeth war eine Welt zusammengebrochen. Allzufrüh war Matthias ihr genommen worden, mit dem sie so glücklich gewesen war.
Alle hatten den guten Willen, die schwere Zeit zu meistern, und so schafften sie es auch gemeinsam. Bald brachte Pitter das erste Geld nach Hause. Aber das war noch nicht alles, was er fortführte. Er sammelte auch Heilkräuter, wie er es von seinem Vater gelernt hatte, und brachte sie mit nach Hause. Elisabeth bündelte die Kräuter und hängte sie zum Trocknen auf.
Das Leben in der Familie ging weiter, aber der Großvater haderte immer wieder: »Warum konnte ich

nicht gehen und Matthias bleiben. Er war doch noch so jung.«

Die Kinder wurden erwachsen. Margarethe, die Jüngste, verließ als erste das Haus. Sie trat ins Kloster ein, wurde Lehrerin und unterrichtete Waisenkinder. Ammi heiratete einen Mann aus dem Dorf und lebte mit ihm in ihrem Elternhaus. Elisabeth konnte sich nun wieder mehr mit Webstuhl und Handarbeiten beschäftigen, denn Ammi war eine gute Hausfrau, und ihr Mann versorgte die Landwirtschaft und verdiente nebenbei noch Geld als Maurer.

Pitter und Josef, die schon immer unzertrennlich gewesen waren, gingen mittlerweile auf Freiersfüßen. Eines Sonntags kamen sie in das Dorf, aus dem ihre Großmutter Mariejann stammte, weil dort eine neue Scheune gebaut werden sollte. Nachdem sie sich alles angesehen und aufgeschrieben hatten, schlenderten sie noch ein wenig durch die Straßen. Da sahen sie vor einem Haus zwei Mädchen auf einer Bank sitzen. Sie unterhielten sich eine Weile mit ihnen, scherzten und lachten und setzten sich schließlich zu den Mädchen. Es waren zwei Schwestern, Marie und Anna. »Wenn wir dürfen, kommen wir am nächsten Sonntag wieder«, sagten sie beim Abschied.

Und sie kamen wieder, die zwei Brüder, und die zwei Schwestern freuten sich und hielten am Sonntag darauf schon Ausschau nach den beiden. Das ging ein Jahr, dann heirateten sie, und zwar in derselben Kirche, in der Jakob und Mariejann getraut worden waren. So schloß sich der Kreis, der vor vielen Jahren begonnen hatte.

Josef blieb mit Anna in seinem Heimatdorf. Sie kauften sich ein Häuschen, das Josef nach und nach erweiterte. Sie bebauten einige Felder, die er aus seinem Erbe bekommen hatte. Anna hatte auch etwas Geld von zu Hause mitbekommen, und so begannen sie ihr gemeinsames Leben. Josef arbeitete weiterhin mit Pitter zusammen im Zimmermannshandwerk.

Pitter blieb mit Marie in ihrem Dorf. Auch sie kauften sich ein Haus. Es war groß, mit einer stattlichen Wohnstube, einer Kammer und einer geräumigen Küche. Oben in den Schlafkammern waren die Dekken zu niedrig, das wollte Pitter ändern, ebenso die Höhe im Keller. Man konnte nicht gerade darin stehen. Das junge Paar wohnte zuerst einmal in Maries Elternhaus, so daß Pitter in aller Ruhe die Umbauarbeiten vornehmen konnte. Er begann mit dem schwierigsten Teil, dem Keller. Den mußte er tiefer graben. Bald bekam er Hilfe aus dem Dorf. Hier half jeder jedem. So dauerte es nicht lange, bis der Keller fertig und hoch genug war. Die Fundamente waren auch neu befestigt.

In den Schlafzimmern schlug Pitter die Decken raus, die er höher legen wollte. Das war kein Problem, der

Speicher war trotzdem noch hoch genug, daß man ihn weiterhin als Getreidespeicher nutzen konnte. Auch bei dieser Arbeit hatte Pitter Unterstützung von den Männern aus dem Dorf. Pitter, der ja fremd im Dorf gewesen war, fand durch die gemeinsame Arbeit viele Freunde. Irgendwann, das wußte er, würden die anderen auch mal seine Hilfe brauchen.

Ehe das Haus bezogen wurde, änderte Pitter noch die Speichertreppe ab, die ihm zu eng und zu steil war. Er schreinerte eine breite, gut begehbare Treppe, auf der man bequem die Kornsäcke hochtragen konnte. Die alten Treppenbohlen aus Eiche bewahrte er auf, um später ein Möbelstück daraus zu machen. Nachdem die Stube und die Kammer geweißt waren, konnte endlich der Einzug beginnen. Der Pastor segnete das Haus und alle Räume mit Weihwasser und betete um Gottes Segen für alle, die in diesem Haus wohnen würden. Auch Scheune und Stall segnete er und betete um Gottes Hilfe für die Ernten und für gesundes Vieh.

Dann wurde der Wagen beladen mit allen Möbeln, die bis dahin in Maries Elternhaus gestanden hatten, und das junge Paar konnte sich in seinem neuen Heim einrichten. In den Eingang hängten sie den gerahmten Haussegen:

»Gott schütze und segne dieses Haus
und alle, die da gehen ein und aus.«

Das Nötigste war vorhanden: ein großer Schrankofen für die Stube, ein Tisch, eine Bank, einige Stüh-

le. In der Küche gab es einen Herd, ein Wandbord für Schüsseln und Teller, ein Regal für Töpfe. Marie hatte von ihren Eltern die Schlafzimmermöbel bekommen. Außerdem besaß sie eine Truhe mit Aussteuerwäsche, die sie selber angefertigt hatte. Einige Jahre hatte sie als Magd gearbeitet. Von dem Lohn hatte sie immer einen Teil behalten dürfen, den hatte sie gespart, und davon konnte sie jetzt die nötigsten Haushaltsgeräte anschaffen. Außerdem hatte sie zur Hochzeit aus ihrem Erbteil ein Feld und eine Wiese bekommen. Auch Pitter hatte aus seinem Erbteil etwas Geld bekommen. Davon kaufte er einige kleine Felder. Eine Kuh hatte ihm seine Mutter auch noch mitgegeben.
Mit frohem Mut und Gottvertrauen begannen sie nun ihr gemeinsames Leben. Tagsüber arbeitete Pitter in seinem Beruf, und die Nachtstunden opferte er, um Möbel für das Haus anzufertigen, zum Beispiel einen Küchenschrank. Später fertigte er aus den Treppenbohlen einen Waschtisch mit einem großen Spiegel an, der mit Schnitzereien eingerahmt war. Danach schreinerte er eine neue Haustür. Es wurde ein Prachtstück, das von allen Leuten bewundert wurde. Im oberen Teil waren viele kleine bunte Glasviereckchen, von einem Holzrahmen gehalten, in den Blumenmuster eingeschnitzt waren. Im unteren Teil befanden sich zwei geschnitzte Körbchen mit Blumen. Viele Stunden arbeitete er daran. Marie war sehr stolz auf ihren Pitter.

Aber auch Marie war sehr tüchtig. Sie legte einen großen Garten an, in dem sie Salat und Gemüse für das ganze Jahr heranziehen konnte. Pitter hatte eine Wiese mit Obstbäumen ersteigert. Er pflanzte noch Apfelbäume dazu. Er hegte und pflegte die Bäume und war stolz, daß sie eine Menge Obst ernten konnten. Besonders über die vielen Äpfel freute er sich. Oft sagte er: *»Jeden Tag einen Apfel essen, und man braucht keinen Doktor.«* Oder: *»Wer vor dem Schlafengehen einen Apfel ißt, der schläft gut.«*

Die Sonntage waren immer Ruhetage. Morgens ging man in die Kirche, der Rest des Tages gehörte der Familie. Nachmittags spazierten sie durch die Felder, besprachen, was sie die kommende Woche über tun wollten, oder hielten mit anderen Leuten, die sie unterwegs trafen, ein kleines Schwätzchen.

Bei schlechtem Wetter saßen sie sonntags zu Hause in der gemütlichen Stube und lasen in Zeitschriften, zu denen auch die »Gartenlaube« gehörte. Die wurde gern gelesen, standen doch schöne Erzählungen und für Mann und Frau viel Nützliches darin. Der Sonntag war ein Tag der Ruhe und Besinnung.

Pitter war ein vielgefragter Handwerksmann, der genug Arbeit hatte. Oft mußte er in die Bachtäler, um die Mühlen zu richten. Dabei dachte er an seinen Großvater, der manches Mal gesagte hatte: »Zimmermann und Mühlenbauer, die wird man noch mit der Laterne suchen gehen.« Aber soweit war es noch nicht.

Marie mußte viele Arbeiten in Feld und Haus, in Stall und Scheune allein verrichten, weil Pitter soviel in seinem Handwerk arbeitete. Das war schwer. Manchmal half ihr Vater.

Nach und nach füllte sich das Haus mit Kindern. Marie und Pitter bekamen fünf Söhne und drei Töchter. In dieser schweren Zeit halfen die Großeltern öfter bei der Arbeit, und Pitter blieb manchmal zu Hause, um zu helfen. Die Großmutter saß jeweils bei dem Kleinsten an der Wiege, die sie mit dem Fuß schaukelte. Auf dem Schoß hatte sie eine Schüssel mit Bohnen oder Äpfeln oder sonst irgendwas zum Schnippeln, und dazu sang sie die alten Wiegenlieder.

Es war nicht immer einfach, die große Familie zu ernähren und zu versorgen, aber es gelang. Fleiß und Sparsamkeit hatten alle gelernt, ohne diese Eigenschaften wäre es nicht geglückt. Als die Kinder etwas größer waren, ging es schon besser. Sie konnten überall mit dabeisein, und die älteren lernten früh mitzuhelfen.

Das Sammeln von Heilkräutern behielt Pitter weiter bei, das machte er an den Sonntagen. Ja, es kam soweit, daß die Leute aus dem Dorf sich bei ihm Rat holten, wenn Mensch oder Tier krank waren. Er stellte dann die entsprechenden Kräuter für einen Tee zusammen, und in den meisten Fällen, wenn die

Krankheit nicht zu schlimm war, half der auch.
Oder wenn sich die Leute aus dem Dorf mit Schrei-
ben an die Behörden nicht auskannten, fragten sie
ihn. »Der Pitter kann das«, hieß es allgemein, »geh
zu dem.«

Seitdem er mit seiner Frau Marie in diesem Dorf
wohnte, mähte Pitter auch immer die Waldwiese. Der
Weg dorthin war nun nicht mehr so weit wie früher
von zu Hause aus. Und die Kinder fuhren immer gern
mit dorthin. Auch sie kannten die Geschichte von der
Urgroßmutter Mariejann und dem Urgroßvater Ja-
kob, die dort am Bach in einer Mühle gewohnt hat-
ten. Und vom Einsiedler hatten sie auch schon viel
gehört. In ihrer Phantasie dachten sie sich noch viele
schöne Dinge aus. So erzählten sie sich, ein wunder-
schöner Engel sei durch den Wald gegangen, und als
er an den Bach gekommen sei, sei er fortgezogen und
nie wieder gekommen. Vater und Mutter lächelten
dazu und ließen die Kinder gewähren.

Am schönsten war es, wenn der Wagen mit Heu bc-
laden war. Dann durften sie den langen Weg nach
Hause oben auf dem weichen Heu sitzen. Und wenn
sie an den Lindenbäumen vorbeikamen, die die Stra-
ße säumten, hielten sie an, und die Kinder pflückten
die Lindenblüten, die gerade in der Zeit des Heuma-
chens blühten.

Pitter erzählte ihnen auch, daß die Urgroßmutter Ma-
riejann als junge Frau auf dieser Straße mit dem Lei-
terwagen zur Mühle gefahren war, auf dem Wagen

ihr Schlafzimmer und die Truhe mit ihrer Aussteuer, und hinten am Wagen war eine Kalbin angebunden. Vorn neben den zwei Kühen ging Jakob und geleitete sie ins Bachtal. Von da an hatte Mariejann in der Mühle gewohnt und war mit Jakob dort glücklich gewesen. Die Kinder wurden groß und waren Mutter und Vater eine rechte Hilfe bei allen Arbeiten.

Man schrieb das Jahr 1922. Pitter und Marie waren nun schon seit siebzehn Jahren verheiratet.
Da geschah etwas schier Unglaubliches:
In dem Dorf, in dem seit vielen Jahren Veronika, Antons ehemalige große Liebe lebte, bekam der Pfarrer einen Brief und eine Dollar-Spende aus Amerika von Anton, der in der Vogtsmühle geboren worden war, dort gelebt hatte und dann nach Amerika ausgewandert war. Das Geld sollte für eine Glocke sein. Auf ihr sollte sich eine Abbildung des heiligen Antonius befinden, der das Jesuskind auf dem Arm trägt, das eine Lilie in der Hand hält, ferner ein Kruzifix und die folgende Inschrift: »Heiliger Antonius, bitte für uns« sowie der Name des Stifters.
Die Glocke wurde auch alsbald gegossen, und mit ihr noch zwei größere Glocken, denn die Kirchenglocken waren im Ersten Weltkrieg beschlagnahmt und eingeschmolzen worden, um Kanonen daraus zu gießen.
Pitter und seine Geschwister – ihre Mutter Elisabeth war vor einiger Zeit gestorben, auch Magdalena und

Theodor lebten nicht mehr – konnten es kaum fassen: Onkel Anton, der vor so langer Zeit nach Amerika ausgewandert war, lebte! Nie mehr hatten sie etwas von ihm gehört. Was war geschehen? Hatte er vielleicht geschrieben, und der Brief war nicht angekommen? Hatte er vielleicht ebensolang auf Antwort auf seinen Brief gewartet? Fragen über Fragen. Sie tauchten auf und blieben unbeantwortet. Es blieb für immer ein Geheimnis. Der einzige Beweis, daß er lebte, war diese Glocke, die dem heiligen Antonius geweiht werden sollte, und der Brief, der ohne Adresse von ihm angekommen war. Der einzige Hinweis, wo er vielleicht leben könnte, war der Poststempel aus Chicago. So wurden also die Glocken gegossen und am Sonntag, dem 22. Oktober 1922, feierlich geweiht.

Pitter und seine Familie, seine Geschwister mit Familien, sowie die Kinder von Magdalena mit ihren Familien kamen, um dieser Feier beizuwohnen. Auch viele Freunde und Bekannten kamen an diesem Sonntag in die Kirche, alle wollten dabei sein. Viele ältere Leute kannten noch die Geschichte von Anton, den jüngeren hatte man sie erzählt. So war die Kirche dicht gefüllt mit Menschen.

Pitter kniete mit seinen Verwandten in den ersten Bänken, und ihre Gedanken schweiften zurück in die Vogtsmühle, in der die Eltern und Geschwister so lange vergeblich auf eine Nachricht von Anton gewartet hatten.

In der Festpredigt sagte der Weihbischof: »Wenn heute und später die Glocken klingen, so sollen wir wissen, es ist ein Rufen zu Gott, manchmal erfüllt von Freude und Dank, doch auch ein Rufen nach Hilfe in großem Leid. Sie werden klingen für arm und reich, für alle Menschen in guten und in schlechten Zeiten. Sie werden heute klingen, sie werden weiter klingen. Bitten wir Gott, daß sie immer in Frieden klingen mögen. Den Stiftern dieser Glocken möge der Herrgott seinen Segen geben, ganz besonders aber dem Mann im fernen Amerika, der nun durch die Klänge der Glocke in unserer, in seiner Heimat weilt.«

Da ging ein Schluchzen durch die Kirche. Ganz hinten in der letzten Bank kniete eine alte Frau, die ihr Taschentuch vors Gesicht preßte, um nicht laut aufzuschreien. Es war Veronika, alt und krumm vom vielen Arbeiten, das Gesicht verhärmt. Nichts erinnerte mehr an das strahlende junge Mädchen, das sie einmal gewesen war. Ein schweres Leben lag hinter ihr, voll Kummer und Sorgen. Sie hatte damals Julius geheiratet, mit dem sie Anton betrogen hatte, weil sie ein Kind von ihm erwartete. Doch Julius dachte gar nicht daran, sein Leben zu ändern, und so mußte sie Tagelöhnerarbeiten verrichten, um sich und das Kind durchzubringen. Das wenige, was Julius verdiente, brachte er mit seinesgleichen durch. So waren kummervolle Jahre vergangen, bis Julius starb. Der einzige Lichtblick in ihrem Leben war ihr

Sohn. Dieser war gut und fleißig, so daß es ihr im Alter besser ging. Daß Anton noch lebte, war für sie etwas Wunderbares, und daß er die Glocke für die Kirche in ihrem Heimatdorf gestiftet hatte, war für sie ein Gruß und ein Zeichen, er hatte sie nie vergessen und liebte sie im Grunde seines Herzens immer noch. Solange sie lebte, würde es für sie ein Gruß von Anton sein, den auch sie tief in ihrem Inneren immer noch liebte. Und auf ihrem letzten Weg würde diese Glocke sie dereinst begleiten. Da wußte sie, daß Anton ihr verziehen hatte, und sie ging getröstet ihren Weg nach Hause.
Auch Pitter und seine Angehörigen hingen ihren Gedanken nach, als sie nach dem feierlichen Gottesdienst wieder den Heimweg einschlugen.

Das Leben ging weiter, mit all seinen Mühen und Sorgen, aber auch mit all den Freuden, die es immer wieder verschenkt. Marie und Pitter haben ihren Kindern oft von der Vergangenheit erzählt. Und wenn es auch schon seit vielen langen Jahren keine Vogtsmühle mehr gibt, so ist doch in den Nachkommen von Jakob und Mariejann die Liebe zum Bachtal und zu den alten Mühlen erhalten geblieben, bis zum heutigen Tag.

Heimweh

Ich möchte noch einmal die Heimat sehn,
die blühenden Wiesen und weiten Höhn,
durch stille Wälder die Wege gehn,
mein Land, mein Hunsrück, dich wiedersehn.

Möchte einmal noch durchs Dörflein gehen,
die alten Freunde wiedersehn,
noch einmal sitzen auf der Bank vorm Haus
beim Abendrot mich ruhen aus.

Am Brunnen trinken das Wasser klar,
so wie es früher einmal war.
Am Feldrain lauschen dem Sommerwind,
wo froh gespielt ich einst als Kind.

Ich möchte noch einmal die Täler sehn,
dort, wo die alten Mühlen stehn,
das Mühlrad sich drehte von altersher,
aber die Mühlen, sie mahlen nicht mehr.